學會原諒自己的不快樂

麥潔芳——著

目錄

第三章　叫你苦樂參半的友誼

第四章　女人心事

第五章　人性的秘密……132

第六章　我們都是這樣長大的　192

自序

在我小時候，不快樂會被長輩批評，連文靜都有罪。讀國中時，有老師說我很少笑，好像是我的錯，就算到現在，只要我一情緒不好，也會被長輩責罵。人們都不喜歡憂愁的人，卻不會站在他的角度去理解他，明白他的苦處。

男生不喜歡太多愁善感的女朋友，女生也討厭想得太多的閨密。我每天看臉書，有那麼多朋友強調自己活得很好，很滿足，貼的近況盡是好的一面，好像很勵志，但人又是否可能完全沒有煩惱和擔憂？除了是礙於面子之外，壞情緒會受到社會的指責，但人有不快樂的權利和需要，就算是寵物，也會嫉妒另一隻被主人偏愛的毛孩，何況是人？常常在討論區看見，有很多平時沒機會訴苦的網友，一在那裡發洩，就會被很多人罵，罵他這等小事也要抱怨，又說他是自找的。但人總要有個抒發的出口，壓抑太多對身體不好。宣洩是一種精神上的需要，但就算是親人有時也會不理解我們，批評我們鬧情緒。

不哭就是堅強，但難道沒有感覺，整天笑容滿面就是堅強？騙得了別人，也騙不倒自己。單純的人不懂隱藏，受傷了就會有受傷了的表情，憤怒時也會板著一張臉，這種人其實最沒有攻擊性。然而深藏不露的人，不論是什麼情緒，都是同一個表情，你永遠無法知道他心裡想什麼，才最可怕。我們被得罪後會生氣，這是正常的，並不是我們心胸狹窄，因為所有人聽到批評自己的話語後都會不舒服，只是有些人沒有說出來而已。重要的是你怎樣表達和處理自己的情緒。在人生低潮時，雖然我們需要朋友的鼓勵和支持，但有些朋友我們卻需要遠離。因為關心不該用教訓的方式，關心應該要帶著溫柔和尊重，也要保持適當的距離。

我希望大家透過閱讀這本書，原諒和接受自己的不快樂，也包容那些不快樂的親友，讓自己學懂聆聽和同情。此外，從我觀察了許多人的經驗，及自己說錯了很多話，做錯了很多事之後，我誠意與大家分享處世之道。光是善良是不夠的，還要有技巧的善良，才可盡情發揮你的善心和愛心，叫人如沐春風。

每失敗一次，人又成長了一點，每解決了一個難題，又增長了智慧。從經驗裡學習，在錯誤中汲取教訓，是我們一輩子都要做的功課。

麥潔芳

第一章

沒有永遠的人生低潮

因為以前那麼缺乏，
你才會為今天所擁有的而感恩。

不快樂的好處

快樂的人總是特別受歡迎，開朗的女生追求者眾多，而人們也喜歡結交常常開心的朋友，愁眉苦臉的人叫人避之唯恐不及，但很少人會懂得欣賞不快樂的人。正如太陽光的人不會是個合適的傾訴對象，因為他們自己不會不快樂，所以未能感受到他人的痛苦。不快樂的人都較敏感，也較細心，對他們訴苦的時候，他們能夠以一句話總結你的感受，聽到如此知心話，會熱淚盈眶，也會感動於有一個明白你的人。雖然他們不能解決你所遇到的問題，但是抒發完，心裡也會舒服得多。

有位名人說過儘管自己很聰明但還是不快樂，所以很早已決定不生孩子。或許就是因為聰明或想得太多，才會不快樂，畢竟想得太多也需要一點智力，太愚蠢的人沒有過多的思想，所以不懂得不快樂。憂鬱症患者有很多都是聰明人，是因為他們聰明才會想得那麼透澈，知道那麼多，而不是因為他們悲觀。不快樂也是一種資產，有著名鋼琴家說過，音樂人都敏感，也就是容易不快樂。沒錯，一個不知何謂傷痛的人，又如何表達樂章裡的哀傷？一個太樂天的作曲家，也不能創作出扣人心弦的旋律。

太開心的人，看小說不會感動落淚，看電影也不會為之動容，他們做人的樂趣會比多愁善感的人少得多。有一種人整天都在笑，並非因為樂觀，也不是因為友善，而是沒有腦袋，所以常常無緣無故地傻笑，這種人作為你的伴侶，給你經濟支持或在日常相處上是不錯的，但不能成為你的心靈伴侶，也不能成為你的人生導師。

當你有更大的煩惱

曾經因為家裡有噪音而很煩惱，雖然已知道來源是冷氣機水管發出的聲音，但管理處也只回應說工程部會改進，那時我只想盡快解決噪音問題，一心想著如果能夠解決這個問題，我就能快樂多了。但又尋思不知道工程部何時才會處理，及是不是真的會處理。或許有時候我們需要一些新增的煩惱，來解決已有的煩惱，就是因為這煩惱更嚴重，所以舊的煩惱就變成小問題了。

例如有個朋友本來覺得自己的老公外貌不是很出眾，但她後來發覺朋友們的老公也很一般，回到家後便覺得自己的老公順眼了。多年前我很不滿自己的房子，因為已經十多年了，有點殘舊，但自從我看過其他房子發覺更髒、更殘舊後，便不再那麼討厭當時的房子了，之後的搬家計劃也隨之擱置，減少了很多麻煩。也有一些人，起初會抱怨自己的戀人不好，但自從認識了新的戀人後，因為新人沒有舊人的優點，才知道是自己以前對舊戀人太挑剔。

有些得過重病的人，康復後會明白沒有什麼比健康更重要，所以對一切的要求也低了，也比以前容易快樂。

失業不等於沒有價值

失業的人都覺得自己沒有價值，但其實他們是沒有市場價值而已，不是沒有作為人的價值。社會對「價值」的定義畢竟是主觀的，能賺到錢的東西或人就是有價值，沒有收入的人就是沒有價值。薪水愈高就是愈有價值，愈是成功，反之，薪資低的人就是沒有價值，沒出息。

失業之時，不能失去自信，沒有收入的人，也不是一個失敗的人，而人的價值應是來自多方面的，不一定是金錢。你沒有工作，但是在其他方面成功，比如你仍然是一個很聰明的人，也有學識，或者有藝術天分，有一顆善心等。貢獻社會不一定透過工作，在街上幫助一個問路的人，或扶起一個快要跌倒的路人；幫一個坐輪椅者開玻璃門，有陌生人丟了東西告訴他。在付出的時候，也可實現自己的價值。

商業社會開口閉口都是錢，父母也認為賺不到錢的科目不要唸，或者工作的薪水比興趣重要，也有很有多人只看那些對工作有幫助的書，又只喜歡結交有利用價值的朋友。我們自小被洗腦，說讀大學是為了將來高薪厚祿，但人的生存目的不只為吃飯，還有精神價值。失業的人只是在賺錢那方面失敗，但不代表他的人生失敗，失業也可以振作，不該因為沒錢便看扁自己。男人失業尤其自尊心受損，這又是因為社會未根除的性別歧視，覺得男人一定要工作，但一個人的自尊心不能受環境影響，如果只是因為運氣欠佳而找不到工作，或不能工作，就不該覺得羞恥。

自尊心強的人，最怕朋友請吃飯，好像朋友在可憐自己似的。作為朋友如果知道這是會傷害到自尊心的事情，就不該堅持，如果請吃飯只是為了優越感，他不是個好朋友。好朋友會在幫助你的同時，也維護你的自尊，不會說一些讓你難堪的話，借錢給你之後也會保守秘密，不會到處炫耀，而會保護你的聲譽。

人生失敗組

社會說一個人很成功、很有成就，是指他職位高、薪水高、有名有利。如果一個人既沒有事業又單身，那麼他的人生就很失敗了嗎？人的價值並不是這樣衡量的，一個人有沒有價值是看多方面的。

人在失意的時候總會自怨自艾地說：「我現在什麼都沒有了，我抬不起頭來了，也不想交際」。因為自卑，因為與別人比較覺得自己一無是處。但其實你並不是什麼都沒有，只是看不到自己所擁有的而已。幸福並非由擁有的事物去決定，而是面對幸福的情緒和想法。世上並沒有一條公式是擁有愈多的人愈是幸福，什麼都缺乏的人就是不幸福。擁有「身內之物」的人，才是最幸福的，這包括健康、平安、自由、充足的睡眠等。

我們都被傳媒洗腦，以為那些擁有美貌、學歷、財富、愛情的人，就是最幸運的人，但自己需要什麼，以及什麼對自己來說最重要，也是因人而異的。有的人自己很重視金錢，就以為別人也一樣。有個名人這麼說過：「金錢對我來說並不重要，因為我曾經很窮，日子也是這樣過」。擁有任何事物都是負累，有了社會地位可以滿足虛榮心，但同時也會帶來壓力；獲得愛情時能帶給人自信，但在猜疑的時候則是折磨；朋友能帶來人氣，但也有和朋友吵架的時候；名牌包包讓你贏了社交場合的面子，但提著包包的手卻好像拿石頭那麼累。在失業的時候，你會是一個冷靜的旁觀者，因為不用為瑣碎事務煩惱，也不用早出晚歸，會有很多時間可以思考，把一切事物看得透澈。失業令你成為智者。失意的人因為逃避社交，所以不會被凡夫俗子淹沒其氣質，一個人的氣質也是這樣形成的。

在別人同情你的際遇時，你要懂得欣賞自己，知道自己並不是什麼都不懂，只是當下才能暫時未能發揮而已。相信每過一天，人生低潮期又少了一天，距離勝利的日子又近了一點。

也談大運

算命師說每個人一生裡都會有幾個大運。自從我在二十二到二十四歲來了一個大運之後，尚未有第二個大運出現。在之前的大運中，我各方面都如意，有些不可能順利的事情都順利完成了，也有些以為不會屬於我的人和事，也都擁有了。在大運來臨之前那二十年，我受盡折磨，然後過了兩年大運後直到中年，我也同樣受盡折磨。中間那兩年的順境，或許是上天想給我一個喘息的機會吧。

總覺得人的大運不要來得太早，因為還沒受過苦，幸運會令人感到驕傲，而且當一個人如果贏在起跑線的話，某天突然從天堂跌到地獄，會受不住這個打擊。就像先吃苦藥再吃糖果，糖果會特別甜美，如果吃了甜點才吃苦藥的話，苦藥只會更苦。

人生在幽谷中是孤獨的，別期望會有人常常為你打氣，因為人們總是只看到你擁有什麼，就算是你的知己、你的雙親，他們也不會永遠都能將時間花在你身上，他們沒有責任天天聆聽你的痛苦或做你的天使。人終究要靠自己爬起來，只有自己才可以幫自己。在佛學的角度中，人生低潮可以贖罪，那些痛苦的日子，是對罪業的懲罰，當你熬過了、受夠了，就不會再有其他折磨；反之，生活太優渥的人，會擔心上天嫉妒，他們會更憂心忡忡，像一個突然中了大樂透的人那麼害怕。

我們也都是從沒有到有，才會懂得感恩，正如人一出生不會感恩自己有四肢，直到有一天跌傷了、骨折了，每走一步都很艱難，之後康復了，才會感慨原來擁有健全的身體是多麼幸福。我曾經患上手足口病，手掌上長了很多又痛又癢的瘡，不能上網也不能讀報紙，直到痊癒了，才知道可以上網和看報是多麼自由，連這些唾手可得的事情都叫我雀躍。

感恩是令人快樂的，等到你的大運終於來臨，你所感謝的會比那些沒有經歷過人生低潮的人多，因為大運是你辛苦過後才得到的，你的購物慾也會減少了，因為你在精神上已經很富足。對一個女人來說，坎坷的人生還可以增添她的韻味、豐富她的見識。

屬於你的時候

人們說「是你的就是你的」，是指只要人跟一個人或一件事有緣，終會得到，反之，不屬於你的怎麼追求都沒有用。其實人或事物的歸屬還要看「時候」，有一個人可能以前屬於你，但你和他已緣盡，他不再屬於你了，這種情況包括了戀人、配偶、朋友、同事等。也有些人，他現在不屬於你，只是他還沒到屬於你的時候，可能在十年、二十年後，他就會屬於你了。以我個人經驗來說，在我十多歲的時候很想跟一個人做朋友，但是對方對我沒有興趣，直到我三十多歲的時候，我和對方在網路上重逢，才終於可以成為知心朋友。

還有一種人，他曾經屬於你，後來不屬於你，然後又回到你身邊，最後還是離開你。像我曾有朋友跟我絕交，我萬萬想不到兩年後朋友會回來找我，然而幾年後她又再次疏遠我。所謂世事無常，所有事情一直都在變化中，友情便是其中之一。也有一些人跟配偶離婚又復合，兩個人也是先走在一起，分開，然後又再在一起。在他們彼此的人生裡，對方有時是自己的，有時又不是。

另外像名譽，或許現在沒有，但不能說永遠都沒有，所以不要絕望；但是對於已失去的名譽，需要明白它已過了屬於你的時候，想開了這點就不會再消沉。沒有什麼事物是永遠屬於自己的，就像你擁有鑽石，但，是人的壽命長，還是鑽石的壽命長呢？或是有天花錢買了華廈名車，但是當人離開這個世界，它們也不再屬於任何人，只是借用了它們而已。有一位作家，曾在街上不見了一枚三克拉的鑽戒，說明對你很重要的東西也會無情，會離你而去，更莫說一些看不見的東西，也如《小王子》所說，最重要的東西都是看不見的。一切也來得很突然，死亡也是突然的，一場嚴重車禍，一次爆炸，可以讓一個人在一秒間身亡。也有些東西會突然屬於你，好像一個潦倒多年的藝術家，會忽然成名。人生有太多意外，不好的意外我們當然不想發生，但在絕望的時候看見曙光，又會叫人驚喜。

上天會給你補償

四年前的聖誕節，為了支持一位我很喜歡的鋼琴家，我到公園聽音樂會，但因為我太晚到達，所以只能坐在很後面的位置。很不幸的是，我前面的觀眾完全擋住我的視線，還一直動來動去，所以鋼琴家跟樂團合演的那十五分鐘，我一直坐立不安，完全無心欣賞表演。等到鋼琴家演出完，我乾脆離場，剩下只有樂團的表演，也不看了，覺得很掃興。沒想到四年後在音樂廳裡，相同的鋼琴家，相同十五分鐘的作品，也是跟樂團合作演出，我坐在視線完全沒遮擋的座位上，可以好好地欣賞整場表演。

四年前那麼倒楣，我以為事情已經結束了，沒想到上天「記錄在案」，竟在四年後給我徹底補償。以前或許為一件事掉過多少眼淚，許多年後，上天會在某方面回應。例如你曾單方面喜歡某個人，為了追求對方受過多少委屈，最後也沒有如願和對方走在一起，但你終會遇到一個很愛你的人；以前為生活徬徨，終有一天你會富足，重獲安全感。童年時有很多同學說嘲笑我的外表，給我起了很多不好聽的綽號，影響了我對自己的自信。六年級那一年，當在我站著回答英文老師的問題時，老師看著我並微笑著，我心想，老師一定在同情我長得這麼醜，所以用笑容來安慰我。沒想到，到我長大之後，很多人對我的肯定，補償了我在成長期的自卑感。

因為以前那麼缺乏，你才會為今天所擁有的而感恩。如果我四年前聽音樂會，坐在了沒有被前排干擾的位置，我會覺得四年後坐到好座位是理所當然的。沒有比較，就不會知道今天的如意。

曾經渴求的東西

多年前我很想擁有一件美容儀器，但對當時的我來說很昂貴，所以我一直拖延著沒有買。等到了我的生活環境改善後，我已對它沒興趣，所以買不買也無所謂了。也曾經有些朋友生了我的氣，之後就再也沒有找我了，起初我多次禱告，希望可以跟她們和好如初，但是現在我再也沒有禱告，是因為現在我已經不在乎了。十多歲時也有過想從事某些職業的願望，但現在就算有機會也不想做，因為了解到了那些工作的缺點。亦曾經有很欣賞的人，很想接近他們，只是因為當時自己年輕，不認識真正能幹的人，現在已不覺得他們很厲害了。

因此，對於那些得不到的東西別太過執著，你現在覺得很重要，並不代表三年後、五年後仍然重視。面對有些東西你會看開，以前覺得它們是必需品，是因為沒有慢慢思考過，它們真的有那麼好嗎？很多人爭奪的事物其實很普通或只是廣告渲染的結果，像一些只追求名聲不管品質的物品有很多人使用，或服務惡劣的餐廳也門庭若市一樣。

以我的經驗，有一些我本來志在必得的東西，後來我會慶幸自己得不到，因為明白有更好的在等候著我。很多人都覺得一定要走某條路才是成功，但是走另一條路也有別的精彩，又何必人人都要走同一條路？

第二章
處理自己的情緒

嘗試接受自己的負面情緒，
找出其意義，不用壓抑。

換個角度，世界就不一樣了

家裡的沐浴乳快要用光了，本來我習慣用某個較優質的沐浴乳，但很多商店都提早休息了，我被情況所逼，要到雜貨店買比較劣質的，本來我也很生氣，但後來我想，當時能夠找到一家有營業的雜貨店，這不是美事嗎？如果連僅剩的雜貨店都休息的話，我就沒有沐浴乳使用了。

當你在抱怨的時候，用「幸好」來造句，會舒服得多。雖然沒有可以傾訴心事的知己，但幸好還有可以一起出門遊玩的朋友，如果連一個朋友都沒有，豈非更糟？在我的粉專裡，偶爾會有網友取消追蹤我，但幸好取消追蹤的人不多，還有很多人繼續關注我；現在的薪水比以前低了，但幸好還有工作，工作不只看薪水，還要看主管同事等，或許你與同事們關係良好，這也是另一個優點；跟戀人吵架了，但幸好還有愛情、還有相伴的人；和家人因為生活上的小事吵架，但幸好還有可以互相關懷的家人。

我們都想有很多的錢，但是當你只能有限度地花錢，你買的東西都是真正喜歡的。如果金錢可以無限量地花，你會什麼都買下，那家裡就會有很多不需要的垃圾了。患病痛苦，但如果有能力治病，或可享用政府的醫療福利，那也不是最壞的情況。有煩惱的時候臨時找不到知己訴苦，而要找比較不熟的朋友傾訴，但有個能夠傾訴的人也好過沒有出口。人們都想去高級餐館，但能夠上普通餐廳也不錯，對窮人來說，只要外出用膳就是奢侈的事情了。我們又想買漂亮衣裳，但能夠添置新裝已不錯，有些人可能幾年也沒買過新衣。

我曾經找攝影師拍照，拍了數百張照片，只有一張滿意，但能夠有一張漂亮的也很好，如果所有照片都不漂亮的話，我付的錢就是完全浪費了。凡是毛遂自薦的人，只要遇到一個貴人已足夠；或許沒有很多的追求者，但有一個人欣賞你也已足夠了。生活平淡，每天沒有特別事情發生，也是福氣，如果每天的情緒大起大落，有時興奮有時失落，那才最傷身。

不快樂是因為有「我」

你在超市看見一堆很貴的水果掉到地上，你不會心痛，因為水果不是你的，但如果你買了這些水果後，被人碰撞全掉到地上，你會很心痛，因為水果已屬於你。別人的身外之物破爛了，你不會心痛，因為物件不是你的，但如果你最心愛的裙子破了，你就會心痛，因為裙子是你的。別人被主管罵，你不會感覺難堪，因為是別人被罵，但如果是你被罵呢，你就會感到心裡受傷了。

之所以有負面情緒，也是因為事情跟自己有關，是自己不見了東西、失敗了；是自己被激怒、被嘲諷，但只要從事情中拿走這個「我」，就不會有感覺了。不是說要什麼都「忘我」，殺了人說不是自己殺了，偷了東西也說不是自己偷的，而是對於自己的不幸，對於那些已盡了力但沒有收穫的事情，就要把這個「我」拿走。

過去童年的不愉快，令現在的自己對人不信任，或者總以為自己不受歡迎，也是運氣欠佳，被安排成長於一個不友善的家庭裡，但可以把自己從傷痛的過去中抽離，現在的你與過去無關，人生已經開啟新的一頁。可以不再被經歷操蹤，現在自己已是個可愛的人了，因為過往的創傷，被培養出愛心和憐憫心，在一些自己沒有罪的事情上，把自己縮小；在倒楣的日子裡，不要把「我」跟環境掛鉤。

就算情況已經很糟，畢竟不是火燒眉毛，事情可能更壞，但當下你可以選擇把煩惱拋開。

負面情緒的力量

社會會表揚那些充滿正能量，滿面笑容，開口閉口都是感恩的人，但有負面情緒也沒有錯，因為負能量也有其作用。憤怒會為我們劃出底線，讓別人不再傷害我們。若是有人給你一個不好聽的稱呼，或嘲笑你的外貌，你會表示不滿，來防止他繼續做出傷害你的行為。不能什麼都默默忍受，哪怕對方是你的師長或是平輩。保護自己是每個人的權利，除了愛別人之外也應該愛自己。

同理心和愛心不是人人都有的，有些人以為只是在開玩笑，或因一時憤怒衝口而出，不知道他說出口的話會那麼損害你的自尊心。有些人說你小器，連小事也要生氣，別聽他的，因為針不刺到肉不知痛。我又曾經因為憂慮，被長輩罵我什麼都要擔心，但擔心的意義是讓人未雨綢繆。一個太樂天的人不會有危機感，因為不預防，那最後就會有大災難了。又當我們憎恨一個人，或許是因為我們不認同對方的品格，比如討厭沒禮貌的人，那表示自己是個有禮貌的人，應該引以為榮。一個沒禮貌的人，是不會討厭一個沒禮貌的人的，因為都是同類。

當我們悲傷，又會被批評，說我們不夠正面，但感情豐富和有良心的人才會懂得悲傷，冷血的人，看見有陌生人無辜被傷害，是不會有感覺的，一定是心腸好，才會不忍看見別人受苦。一個從沒失過戀的人，看愛情小說也不會被感動，不會有共鳴，所以懂得傷心的人可以增加人生趣味，比那些人生像一張白紙的人多了調味劑。嘗試接受自己的負面情緒，找出其意義，不用壓抑。

我們太需要大吐苦水

很多人在臉書都是報喜不報憂，好像要用麥克風向世界宣布「我很開心」，彷彿只要訴苦一次便罪大惡極。這又是現代人的社會壓力，以我的成長經驗來說，就算皺一皺眉頭也是錯，只要我們一不開心，就會被師長責罵。但請你捫心自問，你只喜歡聽別人分享開心事嗎？有時我們也需要知道別人的煩惱，那我們才可以伸出援手，這不限於家居和電腦問題，而是身體上、情緒上的。

一個勇於承認自己抑鬱的人站出來，或許會得到很多同病相憐的人的鼓勵，或以他們的經驗，分享治療方法。因為只有長期抗戰的人，才知道哪種藥有效，哪種藥副作用多，鎮靜劑的缺點，及安眠藥會上癮之類的問題。人們都太保護自己，發文貼的東西都是吃了什麼，到了哪裡玩，子女有什麼成就，老公又吻了她多少遍。在網路的世界裡缺乏真感情，都是虛擬的，人們互相讓對方欣賞自己最好的一面，相當虛假，大家都是演員，同時大家又充當觀眾。

如果你看到朋友分享的煩惱，也是你的煩惱，你會感覺沒有那麼孤單，原來你所介意的事情，別人也介意，原來你不是特別麻煩，也不是特別執著，別人也一樣。雖然，把自己所有痛苦都表露無遺，是令人厭煩，但人與人之間為什麼不能互相扶持，為何只能說笑、講八卦和風花雪月？難道我們只能講廢話來減壓？

嫉妒有什麼不好？

當你嫉妒或羨慕一個人，朋友總會說，對方也有他的痛苦。看過一部小說，女主角一定要完成法律課程，是因為她自卑，取得高學歷和專業資格可以帶給她自信。嫉妒心與自卑感是孿生的，有的人覺得分享是炫耀，是因為他自卑；然而對於那些上進的人，他們太需要嫉妒心了。他們就是處處害怕被超越，所以才會發奮。一個人若沒有自卑感，滿足於現狀，那又有什麼東西能夠推動他去努力？一個女人就是覺得自己不漂亮，所以才會努力改善皮膚和身材，博覽群書去改善氣質，那她才有機會變成美女。一個人若滿足於自己的學識，又怎會進修學業？又如果他只要吃飽穿暖便滿足，沒有野心，那他的事業又怎可以更上一層樓？有些富家子弟遊手好閒，也是因為他們一無所缺，他們沒有工作的必要，沒有人生目標。閨密之間會互相比較，但是比較也會令人進步。如果你什麼都比好姊妹優勝的話，你太有安全感了，又何用爭取？

嫉妒是不好受的，人們會訴說憂慮、恐懼、沮喪、傷心等感覺，但嫉妒卻不輕易宣之於口，哪怕對著最要好的朋友。可是當你經過多年改變自我的付出之後，在某個曾令你自卑的人面前，你終於不再自卑了，你會感激上天以前讓你嫉妒他。因為如果你未曾嫉妒過他，哪有今天的成就？當然，有些人永遠跟你相距十萬光年，你就不該妄想可以超越他了，但同時也不用壓抑自己的嫉妒心。人怎可能全然沒有陰暗面？我們可不是聖人。

有限度的自責

剛搬來這裡時，我心情惡劣，一方面舊的房子有問題沒處理好，另一方面，新的房子又有意料不到的問題，令我心力交瘁，所以我在收拾時，連一些有用的、還沒過期的化妝品都扔掉了，因為不能冷靜的思考，只覺得很多雜物都很討厭。雖然事後想想覺得可惜，可是我也體諒當時自己的心情，因為那時候真的很煩，會一時衝動也是很正常的，任何人在面對那麼多煩惱的時候，也不可能像沒事一樣。

我不是說，不論做錯什麼事也不要自責，只是有時要原諒自己一次，讓心理取得平衡。或許你平時已經很慎言，但也對人發過脾氣，是因為你的忍耐力已到了極限。我們在一生中怎會一句傷人的話都沒說過？人不會有無限的包容力。尤其是平時很努力控制自己的人，不停積累壓抑情緒，又長期保持修養，一爆發就會很驚人。以前街上有很多派發傳單的人，總會攔住我的去路逼我要拿傳單。有一次一個女生也這麼做，我用力推開她手上的傳單，把紙張弄皺了，她說：「你用不著這樣對我吧！」。我就知道這是我忍耐多次騷擾後，一口氣爆發出來的結果。

憂鬱症患者，有很多都是很怕影響別人，怕麻煩別人，什麼都覺得不好意思，做什麼事都小心翼翼，考慮別人的感受多於自己感受的人。我明白自小便是這種性格的人，是很難改過來的，但可以一步一步來，學懂拒絕。對別人的要求，不行便說不行，不要勉強自己，及幫助別人的時候不用太投入，有些很依賴你的人，不一定值得你對他們那麼好。

承受不起壓力也不代表軟弱

老一輩的人喜歡說，以前打仗的時候，人們不管多麼痛苦也能熬下去，沒有患上憂鬱症也沒有跳樓，現在的年輕人則是遇到一點小事就崩潰，說他們不夠堅強。其實受不起壓力也不代表無用，也不必覺得羞恥，而且不同人的耐壓程度也有所不同。我們不能說同一個煩惱，甲受得住就是能幹，乙受不住就是無能。受壓能力不會無底線，而這條底線在哪裡，也是因人而異。

至於抗壓能力，部分是先天的，有些人長期睡眠不足也不會倒下來，反之，有些人每晚睡八小時也很疲累，因為每個人需要的睡眠時間是不一樣的。有一種人，每晚睡三、四個小時也精神奕奕，這是他們幸運，但不代表需要睡九小時的人就是懶惰。另外也跟社會支持有關，有些人有很多關心他們的親友，他們有傾訴的出口，有人能夠長期聆聽及明白他們的感受，或教他們怎麼做，所以即使壓力很大也可以生存，但同樣的，不是人人也那麼幸運，能得到那麼多的愛的。

通常壞情緒的警訊開始出現，就會表達在身體上，比如頭痛、胃痛、容易疲倦、記憶力減退或失眠等。我們不能控制自己的身體，當因為壓力而身體出現問題，也不是我們的錯。我們不能批評一個因為壓力而要吃藥，或者要暫停工作的人，他們並不是逃避，而是他們的心病了，需要長期休息。當我們感到壓力，雖然不要自責，或妄自菲薄地說自己忍耐力不好，但是也要想出解決辦法，想想那些壓力是否可以避免的呢？或者是不是在處理的方法上出了問題，以為一定要這麼做才是盡責。換個想法可能煩惱就會消失。我們不但要理解別人，也要理解自己，或者一件事情你已經盡了力，你很想做到完美，只是你能力不逮或環境的局限，那就不要責怪自己了。

別把自己看得太重要

我們都以為有很多人留意自己，但事實並非如此。走在街上，看著你的人沒有你想像的那麼多，就算忘記拉上拉鍊，可能連一個看到的人都沒有。就算你有眼屎，可能一起吃飯幾個小時的朋友也沒留意到。朋友也根本忘了你上次穿什麼衣服，穿什麼鞋子，拎什麼包包。我們害怕別人記得自己重複穿某件衣服，但其實別人都忘了。或是在車廂裡大聲打噴嚏，有乘客看了你一眼，但是他可能五秒鐘後就忘記了。

有次我去參加教會禮拜，唱一首有六節的詩歌，但唱了四節才發覺自己沒有站起來。本來因為只有我一人坐了那麼久而感到尷尬，但我很快釋懷，因為看見其他信徒都低頭看著詩歌集唱歌，並不會留意到我坐著。我們又會後悔對朋友說了那麼多私人的事，但是我有多次經驗，就是朋友們總是忘了我以前說過的話。人通常是重視自己多於重視別人的，所以他們會記得自己的事多於別人的事，即使你說了自己的秘密，也不必擔心。有次我到一間早餐店吃早餐，吃完差不多要離開了，旁邊來了一家三口，我才突然想起自己見過這家人，因為那兒子有點特別。我方知道，半年前我留意到這個年輕人有點奇怪後，便把整件事忘了，如果我不是重遇他們的話，我不會回想起上次的情景。

很多人為了面子而舉行隆重的婚宴，花很多錢在五星級酒店舉行，但賓客們吃完這頓飯後，不管當初婚宴現場有多麼華麗的場面，有多麼好吃的食物，賓客們也很快就忘記了。很多人在臉書炫耀，也以為有很多人留意自己，同樣的，別人也是看完後十秒就忘了，甚至沒有慢慢研究發文的內容，所以炫耀也是白費心機。

當你把自己縮小，你就不會介意別人的看法，活著會輕鬆得多。

自製快樂

佛家說人不該避開痛苦，而要苦中求樂，我認為要看是什麼情況。當你可以改變環境，就不該讓自己受苦，但是當你無法控制環境，就要苦中求樂了。例如頭痛的時候，家裡有止痛藥，何不吃一顆藥讓自己舒服一點呢？在餐廳覺得冷氣太冷，也何不換個座位，讓自己可以好好享受這頓飯？

俗話說「百忍成金」，這是虐待自己，比如被某個人欺負了，不該盡情發揮自己的忍耐力和修養，任由對方欺負，而是應該反抗，文明地表達自己的不滿，這才是尊重自己。若是連自己都不尊重自己，別人只會更侮辱你。看過有一篇文章說，除非是遇上家暴的狀況，否則不贊成夫妻離婚。我倒覺得只要老公對老婆不好，沒有互相尊重，而老婆的經濟或生活情況可以獨立的話，應該考慮離開讓自己不快樂的婚姻，若是等到孩子出生後，或許就有些遲了。很多人害怕走出舒適圈，沒有勇氣改變現狀，選擇繼續忍受痛苦。的確離婚會有很多未知的恐懼，也有些人不敢轉職，因為擔心下一份工作只會更糟，但何不樂觀地想，或許改變一下環境，有個新的開始，會有很多意外收穫？

至於不可以改變的環境，例如一個罪犯，如果平日有看書的習慣，那在獄中書籍可能會是他精神上的支持；或者一個單身女人生活中的點滴沒有一個傾訴的對象，但也可以充分利用獨處的時間，看很多的書，很多的電影和好好休息。也可能經濟上比較寬裕的女人，有能力把自己打扮得漂漂亮亮的，及做好皮膚保養，修飾身形。又或者沒有額外的金錢可以享受物質生活，但也有很多享受是不花分文的，就像遠足、跑步、聽音樂、在圖書館借書、逛書店、逛博物館等。一件很貴的衣服，雖然買不起，但是當你欣賞過了，感受到它的美感，就已經從這件衣服上得到好處了。又或者你住在小房子裡，但換個角度想你不用花那麼多時間收拾打掃房子，從臥室走到廚房也只有幾步，這樣可節省時間。這些情況都是苦中求樂。在有限的條件下，你就要想想其好處，從正面的角度看你的不幸。

抱怨不管用，要解決

以前我常常在去按摩前到餐廳吃飯，在吃飯時我喜歡喝點甜的飲料，但吃完飯同時也喝了滿肚子的水，導致我在按摩時會想要上廁所。後來我想到既然自己吃飯時一定要喝飲料，但又不想在按摩時內急，解決辦法就是自己帶飲料到餐廳，那飲料可以只喝兩口，不急著一定要在餐廳喝完，也可以將飲料帶走，既可以飯後點喝甜的東西，也不會因為喝太多飲料而在按摩時內急了。

每當有朋友向我傾訴煩惱，我也會問他們有沒有辦法解決。我們可以吐苦水，暫時找到抒發情緒的出口，但長遠來說，要解決了當下的問題，才不用再因為同一個問題受苦。並不是「吃得苦中苦，方為人上人」，受得苦並不是美德，但在某些情況下不該忍耐。如果有人跟我說，他跟長輩的關係欠佳，常常因為長輩們的話語或行為而不快樂，我不會對他說「老人家就是這樣的，沒辦法」，我會問他，有沒有辦法避免自己的情緒受到長輩影響。

當有一個煩惱跑出來，要問自己為什麼，像是：為什麼我會變成月光族？為什麼我那麼忙？為什麼孩子常常發脾氣？為什麼伴侶不跟我說話？為什麼我很容易動怒？為什麼我常常生病？找到問題，那才是對症下藥。

突然很生氣的原因

當我們突然很生氣，很多不愉快的回憶和煩惱紛沓而來，其實是跟當下的心情有關的。以前我有個朋友，他一內急或肚子餓的時候，就會發脾氣罵我，他之所以生氣並不是因為我有錯，而是他身體不舒服。又或者當我們突然很憎恨一個同事或主管，可能因為頭痛、胃痛或牙痛，或者很久沒吃飯了，又或者昨晚睡不好，而不是只因為同事或主管的一個缺點。

有時候我們也未必了解自己，知道自己不開心，卻不知道真正不開心的原因，而誤以為是別的事情導致，因此會用了不適當的方法去處理，而不是對症下藥。我以前有個同事說，她因為工作壓力大，所以晚上會打罵兒子，把兒子當作出氣筒，其實並不是她的兒子不乖，而是她自己的問題。她用了錯誤的方法去處理自己的壓力。有些人裸辭也是衝動的決定，可能你因為不喜歡主管批評你的一句話，或者因為客人一個無理的要求，便辭職表示抗議，但你會如此激動也未必因為主管對你的批評，可能因為你月事來了，或者剛剛和很多人一起搭車正喘不過氣。

當你以為自己憤怒，先找到憤怒的原因，避免之後會後悔。我也曾經拒絕一個朋友的邀請，以為是自己討厭那個活動，但其實我正因為另一件事情不順利，破壞了我的心情，所以我以為自己不想去，待我冷靜下來後，才知道自己其實很想出席，所以一個人在很生氣的時候，是會失去理智的，這也是有些人跟人吵架後會做出不理智決定的原因。

人們對親密的人，是會什麼話都說得出來的，因為不用理會禮貌跟教養的問題，所以當你破口大罵你的伴侶，他並不是犯了大罪，而是你把自己的其他壓力發洩在對方身上而已。因此，我們要弄清楚自己心情不好的原因，不要錯怪無辜的人。

What's Wrong？

有鋼琴家在粉專上傳自己音樂會的宣傳照片，有粉絲留言說：「為何多年來你還是用這張照片？」鋼琴家回答說：「What's wrong？」加一個微笑的表情符號。我頓悟，是的，對於別人的批評，我們何不以簡單一句 What's wrong 回應？

有的人喜歡批評別人的外表，有些人是惡意，也有些人只是做人欠缺圓滑，比較直接，不知道凡是別人的頭髮、皮膚、樣貌、身材，我們應該多給稱讚，而不是批評。在我讀國中時，有次聽校內社工的講座，談論到很多少年介意自己外表的問題時。演講者說也有很多人曾經問過她：「你的眼睛怎麼這麼小？」她總會理直氣壯地回答：「我的眼睛就是這麼小的。」語氣就跟說 What's wrong 一樣。因此，如果有人問你，怎麼你的手機多年來也沒換過，你可以回答 What's wrong，或是有人問你為何那麼節儉，你也可以問 What's wrong。

我讀中學時，有時會穿便服見同學，比如到同學家中討論功課。有次有同學揶揄我：「你不再穿上次那件外套了嗎？」我知道她在諷刺我常常穿同一件外套，但重複穿著一件衣服，又有什麼問題？過去謝霆鋒每次領獎，也都是穿同一件衣服。自信的人，不會介意別人怎麼說。我曾有朋友，連我乾洗幾件衣服都批評，覺得我看名醫也是我的錯，或是對於我喜歡寫的文章類型有意見，或從事適合自己的工作也被責罵。批評王之所以批評你，是因為他特別針對你、嫉妒你，他不友善、他自卑，或他本是個不快樂的人，總之，你絕不能安慰自己說：「他只是當我是朋友才對我坦白。」錯，這不是不禮貌的理由啊。當有人要激怒你，而你能夠保持氣定神閒，不慍不火，還幽他一默，那才是該做的事。

陰影影響一輩子

某一位作家說，有次半夜，他的弟弟打電話給她說母親去世了，之後她最怕在半夜聽到「午夜凶鈴」，總覺得又是不好的消息。陰影，有些只是因為一次經驗，有些是多次性的經驗累積。

我有個朋友自從幾十年前，因為吃了一碗有蔥的麵而拉肚子後，以後她一看見麵上有蔥，必會不敢吃，因為她怕又會拉肚子。至於那些多次性的經驗，比如你小時候有很多長輩批評你，那你長大後只要遇到有人批評你一句，你就會很激動，或者變得特別需要別人的肯定，因為自己從小缺乏稱讚。或者小時候沒有人相信你是無辜的，到你長大後一遇到有人不相信你，你也會很激動。

沒有陰影的人，受到相同的對待，反應不會那麼大。當你受到陰影的傷害，其實可以用邏輯來幫助自己。譬如你前男友不喜歡你多話，之後你有了新男友了，你便常常保持沉默，但你前男友所不喜歡的，卻可能是現任男友喜歡的地方。另外，有人批評過你一個問題，卻未必是中肯或客觀的，所以你不必對問題耿耿於懷。當一個地方發生了天災或人禍，接下來幾個月都沒有人敢去，這通常是人們的反應，但一次爆炸也不代表短期內會再爆炸，這也是邏輯的問題。又有些人認識了十個相同行業的朋友，都覺得他們人品不好，就標籤了這行業的人都是壞人，但可能這行有十萬人那麼多，而他只是認識了十個，所以這十個人不能代表十萬人的性格。又因為你明白陰影對人的傷害，這可以幫助你理解別人，為什麼有些人不敢去某個地方，為什麼有些人很怕別人向他借錢，為什麼有些人不敢再談戀愛，或者為什麼有些人不吃某種食物。以前我有個同事，自從有次看見清潔工，用手指從一桶飲用水中取去一隻昆蟲後，之後她連續一個月都是自己買蒸餾水，因為一次可怕經驗已把她嚇怕了。

我們都會因噎廢食，但一次不愉快或不順利的經驗，也不表示永遠如此的。

沒有選擇的餘地才要阿Q

看過一本書，其作者說的一番話我很同意，他說一個小孩，遇到一些性格比較奇怪的同學，家長都會叫他嘗試和對方交朋友，因為這個同學也有他的優點，但作者卻認為既然兩個人很難相處，那不如就與對方保持距離吧。

任何不愉快的事情，當你沒有選擇的餘地，才要安慰自己，任何東西都有好的一面，或者叫自己滿足，不要追求完美等，但是心理諮商師都不會這麼安慰你，他們會跟你共同想出解決辦法，這才是正視問題。如上述例子，一個朋友讓你不舒服，最直接的解決方法就是疏遠他，而不是安慰自己說很少人像他那麼善良，或催眠自己對方也有對自己好的時候，兩人多年友情要好好珍惜等等。一對夫妻如果在一起很痛苦，彼此也沒有感情，那何不離婚？別說什麼人誰無過，當配偶做了一些令你永遠有陰影的事情，又何苦折磨自己，天天對著一個曾經深深傷害過你的人？在自己不能與一個人斷絕來往的時候，才需要欣賞他的優點，讓自己快樂起來，比方說，你不喜歡鄰居，但是又沒有能力搬出去別的地方住，你才要想想對方有時也會幫你。

當做了一個不能回頭的決定，例如結了婚生了孩子，在時間、金錢上都沒有單身時那麼自由，要想想結婚和生孩子也有好處的，而不是集中在結婚生子後的損失上。或是房子住得不舒服，解決辦法也不是想想房子的好處，而是搬家或是想辦法修繕房子。我看過一本日本人寫的書說，作者有朋友搬家後才發覺車聲太吵，他便在一個月後又搬家了。當你能力或時間許可，用自己舒服的方式解決困擾，才是解決之道，而不是一再說服自己接受受不了的現狀。

人不是有飯吃就要滿足

很多勵志書都說，一個人快不快樂是與環境無關的，而是和人對事情的看法有關，這句話我同意了一半。沒錯，一個思想負面的人，即使他沒有煩惱，他還是會想到自己所缺乏的，沒有人可以擁有全世界，他的不快樂是自找的。但是一個人如果沒飯吃，你怎可以涼薄地對他說：「你只是沒有食物而已，還有水可以喝呀，你只想到自己沒有什麼，但忘了自己得到什麼」。

在古代接受酷刑的人，例如凌遲，每塊肉是在自己清醒的狀態下被割下來，受著這種屈辱，你怎能說情緒不是與環境有關的？因此，請體諒別人，也體諒自己。朋友在某些情況，不快樂是可以理解的，因為朋友也是一個人，人不是有飯吃，有地方住，有衣服蔽體，那就應該感到快樂，當中還有很多細節需要留意。我說個例子，一個要老公提供經濟來源的女人，雖然她的老公已經不回家，仍然給她經濟上的支持，但面對這種情況，怎可冷血地跟女方說：「你能夠住豪宅，有司機、有傭人，怎麼還不滿足？」有一種需要是心靈上的，就算是一隻狗，也不是把牠餵飽就對牠仁至義盡了。

當你因為自己的際遇而沮喪，也請你原諒自己，任何人都會有和你一樣的感覺，難道有人寄了一百份求職信也沒有回音，會覺得很開心，阿Q精神說太好了，繼續不用上班？有人罵你雖然失業也有錢坐車吃飯，卻還不知足，請你把這番話反彈給對方，他不是朋友，作為朋友，是應該為你打氣，聽你的傾訴，那才是支持你。如果一個人很失意也很快樂，未必是因為他樂觀。請容許自己不快樂，但同時仍然要有鬥志，感覺是一回事，態度又是另一回事，失望和積極是可以並存的。

從兩方面考慮

《孫子兵法》說：「是故智者之慮，必雜於利害。」意思是智者做一件事之前，會考慮利害兩面。我們往往被人或事的優點吸引，而忽略了其缺點，當我們得不到一樣東西，又會只想到其優點，而不想想它的壞處，於是放不下。

你的計畫或許適合別人，但不適合自己。例如很多女生的目標都是三十歲前要結婚，到二十九歲時就很緊張，擔心嫁不掉，可是對當下的自己來說，三十歲結婚未必是最好的時候，所以不必失望。我們都希望少年得志，成名要趁早，但同樣的，或許對你來說，可能大器晚成會取得更大的成就。總之，我們都想盡快達成願望，盡快跟喜歡的人談戀愛，盡快升職，但不是什麼都是愈早愈好的，所以不要著急，晚些實現夢想，你會得到更多。當你有個目標，朋友都會大力支持你，雖然有些人是為了禮貌不想潑你冷水，也有些人是什麼都說好好好，沒有站在你的角度考慮。那考慮到計畫的利與弊，就是自己的責任了。比如你在本地生活不愉快，打算移民，朋友們也不會幫你分析，只會說既然這裡不適合你，那便走吧，他們不會幫你考慮移民的缺點，也不會理會你有沒有資格。此外，一些你不喜歡的事物，也有其好處的。就像有些商場我很討厭去，但是地點鄰近我家，可以節省時間和車資，這是優點。也有些朋友雖然價值觀和我不太相同，但與他們在一起時我沒有壓力。亦有些不好吃的食物很有營養價值，不好看的鞋子很舒服等。

凡事也要綜合好處和壞處的，正如你羨慕藝人光鮮亮麗的生活，但他們可能失去很多和家人或自己相處的時間，有一些很寶貴的東西是你看不見的。

忙就沒時間不開心

忙是會影響記憶力的。我有個朋友因為太忙，三天內重複買相同的雜誌。我每年都記得某個朋友的生日，每年都會送上祝福，但有一年我太忙碌，所以竟然忘了她的生日。我曾經接到一個詐騙電話，對方說她打過電話來，因為我太忙所以忘了。她以為人人都忙，但剛巧那段時間我很閒，所以我肯定她沒打過來，而沒有受騙。記性好也不一定與智力有關，一個人時間太多，沒有雜務分散注意力，所以可以記得那麼多事情。

所以，你想讓自己忘記不快樂的事，最好就是把自己的時間填滿。煩惱需要解決，那也需要時間，或是有些不愉快的往事，一些過往的傷害跟打擊，那都是以前的事，也可以用忙碌來解決。其實不是把這些記憶刪除，只是不去回想。尤其是憂鬱的人，如果整天無所事事沒有寄託，會有很多時間胡思亂想，可以多到一些空曠的地方，親近大自然，或是做一些自己喜歡的事情，例如如果你喜歡窩在家中，現在網路上有那麼多電影，可以嘗試讓自己投入在劇情故事中，也會沒時間憂傷。

罵你的人或許是他的錯

好人都容易內疚，被罵的時候總覺得是因為自己的錯才會挨罵，但一個人罵你是有很多原因的。可能他罵人是習慣，那即使你站著什麼都不做，一句話都不說，他仍然能夠指出你的錯處。對方因為自己說過的某句話而大罵，也不代表自己說錯了話。例如某位藝人因為不雅照片事件開記者會，她說自己「很天真很傻」，然後有很多人抓住這句話來批評嘲諷。後來她在採訪中說：「如果我不是講了這句話，人家也可能抓住我另一句話來取笑的。」另外，別人所罵你的也未必是事實，好像別人說你是一隻豬，你就是一隻豬嗎？所以對於不理性的批評可以置之不理，因此，有人說你無用，你不是真的無用，有人說你笨，你也不是笨。不能別人罵你什麼，你便相信什麼。

有的人是為罵人而罵人，我曾在商場的洗手間裡，因為門上沒有掛鉤而出來，進了另一間洗手間，也被清潔人員罵，因為她把我當作出氣包，難道當時的我又有錯嗎？當一個人把別人當作出氣包，只要你有不完美的地方，他就能找到罵你的理由。我讀國中時，在家政課因為桌子擦得不乾淨，而被老師罵了五分鐘，就算我是傭人，這也不是被老師罵的理由啊。

一個壓力大又管不好自己情緒的人，是一觸即發的，而我們不該把情緒發洩在無辜的人身上，所以對方罵你也是他的錯，我們不該因為對方影響自己的心情。不是對方罵自己愈兇，就代表自己的錯愈大，這是沒有道理的，一個很乖的孩子也會被母親打罵。君子也會有很多小人討厭的，因為他們的道德標準不一樣，難道君子又是壞人嗎？

不會後悔就不怕做

坐車回家的時候，我想到家裡還有一些少量食物，應該可以應付晚餐，但怕自己到了深夜會肚子餓想吃宵夜。於是我猶豫要不要叫外送。後來我想到叫了外送，就算晚上不吃，也可以留到之後吃。但如果深夜我肚子餓卻又吃光食物，那就慘了，所以我決定叫外送。也有時我晚上想做瑜珈，我也會問自己，做了會有壞處嗎，結論是不會，那我就放心出門做瑜珈了。可是，當我半夜很有精神，很想熬夜，但想到隔天要上班，我就會控制自己，乖乖睡覺不要再玩手機，否則隔天沒精神上班會很辛苦，我會後悔前一晚的任性。

因此，「隨心所欲」這句話，只說對了一半，當你做了一定不會後悔的決定，你可以做，但如果你做了有可能會後悔的話，你就要考慮清楚了。例如你有一個很友善的朋友，雖然你們已經十年不聯絡，但你預料到聯絡時，他的反應會很好，因為在你的記憶中他永遠是那麼親切，那即便失聯多年你也不怕找他；但有個朋友你們在十年前翻臉了，你要考慮到不知他現在是很大方不計前嫌，還是仍然懷恨在心，他的反應有機會令你鬆一口氣，也同時可能令你碰得一鼻子灰，所以要有心理準備，自己是否受得起聯絡的風險。又有些朋友約吃飯，你知道吃飯過程一定會愉快，那你不用考慮可以立刻答應，但有些人你知道他性格如何，可能你們沒有話題，或者對方是一個一開口就停不下來的朋友，又或是一個好為人師的朋友，這些朋友你可以預料和他們吃飯的情況，你見了他們會影響自己的心情，那就要推掉了。

幫助別人是好事，但也有些人幫了會後悔，所以不要隨便信口開河，答應了又改變主意。一開始便令人失望，也好過給對方希望然後又叫人失望，那會更傷害對方。

在人群裡感到孤單

看《小王子》需要有一點人生閱歷才會看得懂，我聽過一個少女說，看完《小王子》後一點感覺都沒有。但其中一句讓我很有共鳴的話語是：「在人群裡感到很孤單。」獨處的時間太多，或許你會感到孤獨，但也不代表你跟一群人一起，很多人包圍住你，有很多人跟你聊天，你就不會覺得孤單的。在人群中的孤單，會比一個人的孤單更難受。

一個陌生人跟你聊天，比如計程車司機、髮型師、美容師、店員，但他們跟你聊天，其實也是害怕沉默的尷尬，所以說的話題也是天氣、交通，或者問職業、問居住地區，都是一些應酬話，一些日常的交談，作用只是給雙方有個開口的機會，卻沒有心靈上的交流，所以不是有人跟你說話就不會寂寞的。跟朋友吃飯，也不是想說什麼就可以說什麼。你的生活未必跟朋友們一樣，例如他們沒有與你相同的經驗，自己一個勁地分享，氣氛會很彆扭，譬如自己喜歡運動，但對方喜歡逛街，或者自己關心時事，但對方對新聞不聞不問，雙方也很難有話題的。有時候在朋友面前沉默，並不是因為不喜歡說話，而是自己想說的話不一定都適合與對方說。朋友說上兩車的話，但可能你表面專心聽，其實心裡打呵欠。很多人與別人分享的，都是他們自己喜歡的事物，卻沒想過別人喜不喜歡。像是有一個女人說，其閨密常常把自己嬰兒的照片傳給她看，卻沒想過別人有沒有興趣看。教書的時候，我有學生說他們的英文老師常常講足球，因為老師自己很喜歡，但學生們卻聽得很悶。我們常常會對自己喜歡的話題滔滔不絕，卻沒有從別人的角度想。

很多人都說，寂寞便結交朋友吧，但如果交不到投緣的朋友，即使有很多朋友也還是會寂寞的。寂寞跟肚子餓不一樣，餓了只要吃東西，就算吃泡麵也會飽，但不是認識很多人就可以解決寂寞的問題。結婚也不一定不會寂寞，伴侶未必是傾訴的好對象，可能有一些事情，你可以告訴死黨，卻不可以告訴伴侶，對方不能成為你的心理諮商師，和對方訴苦太多或許反而會給對方很大壓力。

如果你的價值觀和嗜好跟大部分人相似，你會比較容易和人找到相似的話題，會沒有那麼孤單，比如喜歡聊八卦的人，或許就喜歡結交能和他一起議論別人的朋友，尋找和自己相近價值觀或相同嗜好的朋友，才不會在人群中感到孤單。

膚淺的勵志話

很久以前有一位歌手說：「不論發生任何事情，我都能夠想出一個優點來。」我也曾經同意這句話，引用在自己的文章裡，但是如果你當時的情況很糟，有人這麼安慰你，你只會更生氣。我二十多歲的時候失去一個鐵飯碗，以後不知可以做什麼工作，失去自信和自尊，情緒低落。有朋友看見我不開心便這麼教訓我：「你覺得自己很慘嗎？至少你還有地方住，有食物吃，連吃住都不穩定的難民不是比你更慘嗎？」一個會體諒你心情的好友，最好是一個真正受過打擊的人，也要有一顆善心。善良的人會不忍落井下石。

話說回來，真的有些事情，是你無法想出一個優點來的，像意外傷殘、破相、親人離世、失去健康要長期吃藥、減薪、無了期失業但又不是很有錢、一個知己都沒有、伴侶出軌等等，對於困境實在有數不盡的例子。有些人說的勵志話會讓你感覺那麼膚淺，是因為他的人生太簡單。他們未必擁有名和利，可是生活淡如水。他們也有煩惱，卻只是一般人都會遇到的煩惱，如果要他們寫一本自傳的話，三句話已經寫完了。他們沒有故事。

當有朋友憂慮時，我不會說「船到橋頭自然直」，也不會叫他「別想太多」，因為說了這些陳腔濫調也毫無建設性。我會問對方憂慮什麼，擔心會發生什麼事情，以及一起思考如何阻止事情的發生。千萬別批評對方的情緒，有情緒並不是罪，不會有人三百六十五天天天開心。也不要騙對方說「沒事的」，因為有些問題還是需要面對。

當你遇過很多小人，你會明白勵志書有很多話都是因人而異的，如「別人是你的一面鏡子」，其實當你尊重別人，別人未必也會尊重你，一個你沒有得罪的人，也會陷害你。你好心提醒一個陌生人，他未必會領情的，有很多人你對他們好，但他們不會知道。又說應該學習與不同的人相處，但交友是為了快樂，何必勉強自己跟一個與自己格調不同的人做朋友？上班已經夠辛苦了，何必在閒暇時間也為難自己？

每個家庭的衣櫥裡都有一具骷髏

我們都覺得自己的家庭問題很嚴重，相信沒有人的家庭比自己的更奇怪，但這是我們以為而已。全世界那麼大，有很多家庭更荒謬，只是我們不知道而已。就算是最親密的朋友，也不會把家醜告訴你的，俗話說家醜不可外揚。很多人只是輕輕帶過，說自己有一個很壞的父親，然後就沒有再說下去了。因此，很多表面上結構正常的家庭，其實也有很多問題。我有個朋友很開朗樂觀，有次我和她討論憂鬱症的問題，她竟說她上國中時，因為家庭問題而患上憂鬱症，我萬萬想不到她會有這些經歷，因為她看起來一點也不滄桑，外表上也沒有熬過苦的痕跡。果然凡事不能看表面。

在我們年少時，或許會跟同學說到自己的父母，但是我們成年後，即使提到自己的長輩，也是一些不重要的事，比如長輩們有什麼興趣，有什麼有趣的遭遇等，我們很少會講父母壞話。有一個作家，在剛剛走紅的時候，或許因為年輕，所以還會提到母親的焦慮症和弟弟的強迫症，但她這十年已經沒有再說了。人的年紀大了就會變得含蓄，不會說那麼多自己的事，大部分人都是這樣的。年輕人會在剛認識新朋友時，滔滔不絕講自己的故事，但中年人呢，就算是對著知己，也還是會保護自己。

所以，我們覺得很多朋友的家庭都很幸福正常，那是因為他們沒把自己的委屈告訴你。當然，健康家庭也一定是有，但千瘡百孔的家庭也有很多，不同家庭的問題來自不同的成員。

第三章

叫你苦樂參半的友誼

如果你已經盡力對朋友好，
但也人緣欠佳，請不要自責，
那是因為你在友情上「懷才不遇」，
但「伯樂」早晚會出現的。

友誼需要經營

想維持友誼或認識新朋友，需要特地做很多事情，畢竟朋友不會從天而降。在忙碌的社會裡，自己什麼也不做，就會自動有人想跟自己交朋友，這是愈來愈難的。我曾跟一個朋友說，有次在瑜珈學校重遇一個老同學，大家聊了幾句，就再也沒有聯絡了，她還是我國中時最要好的朋友之一，後來多年也沒有聯絡。朋友說我要做一些事情，讓大家成為朋友的。是的，就算你在街上碰見舊同學，大家交換了電話或臉書，也不能就此算了，你要真的找對方，跟他聊天或約他吃飯，否則你只是多一個認識的人，而不是多一個朋友。當你跟一個朋友不像同學或同事那樣常常見面，你要像做運動那樣定期找他，在他生日時送上祝福，幾個月至一年和他見面一次，或盡量在臉書跟他互動，總之要留在他的生活裡，讓他不會忘記你。如果大家幾年也沒有聯絡，你再找回他，就未必可以回復到以前的關係，因為感情已經淡很多了。

人在年輕時是很容易交到朋友的，有那麼多的同學，也因為有時間參與很多活動，所以有很多機會，但隨著年紀愈大，不但很難找到戀人，認識新朋友的機會也少了。可能自己未婚，但身邊有很多同齡人都結婚了，對他們來說家庭的問題會比你還重要，平日跟你見面的人也可能只有同事，來來去去也是那群人，沒有什麼新認識的人，所以很難會有新朋友。因此，與其想辦法認識新朋友，不如不要讓舊朋友流失，有些人以前和你只是泛泛之交，或許會有機會發展成莫逆之交，也可能以前無所不談的朋友，因為有了更合適的傾訴對象，現在他們對你未必還像從前一樣推心置腹。

成年後的朋友是物以類聚

近十年我認識的朋友都有禮貌，回想我以前的朋友，很多都沒教養，口無遮攔，對我冷嘲熱諷，批評這批評那，還問我很多私人問題，令我很尷尬。我仔細想過為何會有這樣的分別，是因為我年輕時的朋友，很多本來是我的同學，大家之所以成為朋友，也是因為在教室裡坐在一起，或者同組做功課，或當時大家也是獨行俠，因為大家都寂寞，那便走在一起了。換句話說，大家也不是同類的人，也不是價值觀相近，成為朋友的原因也是被動的，並不是我們雙方的選擇。

但在畢業後，自己是怎樣的人，就會吸引到怎樣的人跟自己交朋友，在網路世界也一樣。從寫 blog 開始，我也一直強調禮貌的重要，也會批評那些沒有尊重別人的人。如果遇到沒禮貌的網友的話，他們自然也不會喜歡看我的文章，很快就消失了，所以也沒機會跟我聊天，再發展成為朋友。然而在讀書時期，我們困在小小的圈子裡，總要結交朋友，不能說人人都跟自己合不來就獨來獨往了，否則功課上也沒一個跟自己交流的人。但是結交的朋友未必真正跟自己合得來，雙方也只是勉強做朋友。此外在求學時期，我們跟同學聊天的話題，也都是很膚淺的，因為我們人生經驗尚淺，煩惱也比現在少，我們尚未需要一個明白自己及能夠溝通的人，所以很多人都可以是我們的朋友。可是到年紀大了，生活比較複雜，以前可以談論風花雪月的朋友，到了現在卻未必是個理想的傾訴對象；而且大家的職業、感情和經濟狀況也有差異，所以會有隔閡，不容易再推心置腹。

因此，雖然人愈大就愈難交朋友，可是你交到的也是跟自己投緣的，大家會有很多共通點，再也不是年輕時只求「方便」而找到的朋友。是以我不同意少年時認識的朋友要好好珍惜，反而是中年後認識的，才要努力維繫友誼，因為他們才是真正的朋友。

為何他不原諒你

或許你有過對朋友說錯一句話，他便恨你一輩子的經歷。你不明白，為何那句話對他的傷害那麼大，因為如果有人對你說同樣一句話，你並不會覺得有問題。這是因為每人的死穴不一樣，同一句話，不同的人聽了，會有不同的感覺或反應。

在我十多歲時，有朋友跟我分享捐血的經驗，她說捐血前會刺指頭驗血，但她說不痛。當時我心想，我的指頭被割傷時都痛死了，因為指頭的神經很多，怎麼她不覺得痛？這也是因為每人對同一種傷害的感覺不一樣。另一位朋友說，多年前做過臉部護理，用痘針戳臉的那一個環節痛得要命，自此她再也沒做過美容了。其實我二十一歲時第一次做臉，那次也覺得超痛，我還記得離開美容院後還發展成頭痛，但二十多年來我仍然忍著痛不斷做。這也是因為每人對同一件事的接受程度不一樣。有的人只要伴侶對自己不忠一次就要分手，永無復合機會，但有些人會容忍對方一次又一次的出軌，原諒他七十個七次。

有時你向一個朋友訴說有人的話語傷害到你，但朋友卻對你說那句話也只是說笑而已，朋友之間不用太拘謹。一來可能傷害你的那句話從沒有人這樣對他說過，他沒有切膚之痛，二來這不是他的要害。另外是男人與女人的性格不同。就像你說一個男人老，跟你說一個女人老，他們的感覺也會不同。也像有些女人不愛美，你說她不漂亮，她不會受傷，因為她比起外表，或許更重視其他的東西，但對於一個愛漂亮的女人來說，這就是很大的侮辱了。或是你說某個人窮，未必會傷到對方自尊，因為他早已對自己的經濟狀態有一定的認知；但對一個重視金錢的人來說，絕不能批評他的經濟能力。因此，我們要留意朋友的口頭禪是什麼，他講什麼最多，或他最喜歡問你什麼。他提及最多的那一面，也是他最重視的，要注意與他聊天時的禁忌。

友誼死亡的原因

我們就算不滿一個朋友，也未必會疏遠他，因為我們需要他，可能在那麼多朋友中，只有他可以供應你某方面的需要，一失去他後，就無人可替代了。就是因為只有他能滿足你，所以他的缺點你苦忍多年，直到有一天，因為一條導火線，你狠心和他絕交。對女人來說，這種朋友通常是閨密。酒肉朋友不太重要，因為很容易找到，有太多的替代品，但閨密或知己，卻不是那麼容易從普通朋友發展而成的。

知己是可以隨時找他，可以傾訴心事，無所不談的，什麼廢話也可以說，是一個你最不怕麻煩他，也是你最信任的朋友。因為那麼重要，那麼的唯一，所以你會對他特別包容。他的缺點如果出現在別人身上，你會感受不到，但因為你依靠他，所以什麼都可以接受。至於與知己有什麼問題積累了，可能因為他自私，他的口無遮攔，你和他的距離遠了，也可能你在他心目中的位置已有變化，你不好受。

以前關心你的人，不代表會永遠關心你，例如當對方結婚了，當然是家庭比自己重要，對方不一定會像以前一樣犧牲自己的時間陪你聊天，同樣的，很多女人生了孩子後，她的生活重心就會放在子女上，她會重視孩子多於她自己，很難像從前那樣以閨密的身分陪你談天說地。放棄一個知己，需要很大勇氣，跟分手一樣，你需要一個適應期，你不能再像以前那樣，一有什麼趣事或感想，就可以發個簡訊告訴對方，要學習自己面對寂寞，但長遠來說對自己是好事。因為你離開了他，同時也不用再忍受和他做朋友的委屈。我們結交知心朋友，對他的期望當然是相互關心，而不是單向的。

樂觀地想，就算你已屆中年，也不是沒有機會再找到知己的，在你認識的人中，也可能有潛在知己，正如有些女生，認識了一個男生二十年才與之戀愛結婚一樣。

為何你不是別人眼中的好朋友？

一位家長跟我說，他的女兒很喜歡現在的鋼琴老師，因為現在的老師不兇，又常常跟她在課上聊天，但作為家長的他卻不喜歡，他喜歡女兒以前的老師，因為對女兒很嚴格。因此，每人對「好」的定義是不同的，簡單如一件衣服，有些人覺得質量好的就是好衣服，也有些人重視設計，還有些人覺得最要緊是便宜。還有餐廳，有些人只要求食物好吃，有些人覺得餐廳的裝潢較重要，也同樣的，有些人覺得只要便宜就能蓋過所有缺點。教國中時有同事跟我說，他寧願學生們憎恨自己，也要做一個嚴厲的老師，好過人人喜歡他，但他卻無法管理課室秩序。所以，他對好老師的定義是他不容許自己做一個學生眼中寬鬆放縱型的好老師，和我們其他老師一樣。至於你已待人以誠，也心地善良，為何你的朋友們或同事們也不喜歡你，也是因為每人對「好」有不同的標準。

假設你有個朋友很需要錢，只要你借錢給他，就算你侮罵他，你也仍然是他眼中的好朋友，因為他需要錢多於需要你的尊重。但是即使你有教養拒絕借錢給他，你便成為他的仇人了。反之，在一個經濟沒問題又需要別人尊重的人面前，因為你態度親切，所以他會很喜歡你。所以你是否是一個好朋友，在不同人眼中也會有所不同。我們之所以喜歡一個朋友，也是因為他符合我們對「好人」的標準。有些人覺得只要你幫不到我，你多善良也對我沒作用，所以你不是我的朋友。也有些信徒認為兩人沒有共同宗教信仰，所以你也不是我的朋友，這與一個人的人格無關。因此，如果你已經盡力對朋友好，但也人緣欠佳，請不要自責，那是因為你在友情上「懷才不遇」，但「伯樂」早晚會出現的，這是時機問題。

交友前要了解自己的性格

一個表演系畢業生說，他在入學時，導師叫他不要急於學習演戲，要先了解自己的性格，知道自己是怎麼樣的一個人。其實在交友之前，我們也要先認識自己，才可選擇合適的朋友。

多年前我參加一個教會，有次禮拜後跟一群教友吃飯，他們點了大量食物，到最後剩下很多吃不完，我覺得很浪費。我自己上餐廳，從不會點過量食物，寧願吃一盤之後覺得不夠，再多點一盤。我看到了自己與他們不同，了解到彼此價值觀的差異。也有朋友說，她曾有教友很喜歡講名牌，那位教友賺取微薄收入也用十萬元的包包，但她自己生活樸素，所以覺得與她們兩人合不來，最後也離開那教會了。

有種人會喜歡教訓你說，世上沒有人性格跟自己一樣，所以擇友不能太挑，要跟不同類型的人來往。可是朋友只有兩種：一種讓人舒服的，另一種讓人不舒服的。性格跟自己不同的人，大家會很難溝通，像我是感官和心靈敏感的人，我覺得那些太粗心的朋友不會明白我。而有些人是什麼都感覺不到的，比如一個人拒絕他的約會幾次，他也還相信人家真的沒空，又或是迎面而來是一個大明星，他也竟然看不到。也有些人多年來被別人瞧不起，他也不知道，仍然繼續跟那些人來往，還什麼事都向他們請教。

有時你有些憂慮，有個人安慰你叫你不用擔心，也是公式的回答，因為他根本不明白你擔心什麼。他不是哄你開心，而是他看不到事情的危機。他看得太表面了。一個人因為腦部構造跟你不一樣，一件事情即使你解釋了一萬次，他也還是不明白你的痛苦，那真累。

這種不是你的朋友

朋友不一定要有利用價值，但與他一起時要感到舒服，這是最基本的要求。如果你跟一個朋友在一起時沒有話題，那你們就是合不來。投緣的朋友，只要一坐在一起，就會言談甚歡，不用刻意去找話題的。投緣的朋友，對方每分享一個看法，你都會用力點頭說「正是了」、「我完全同意」，雙方都會感受到談話的快樂。而合不來的朋友，你們的價值觀、愛情觀、文化水平等有差異。你會常常不同意他的看法，或每當他反駁你的時候，你又要拼命解釋，即使費盡了唇舌他也還是不明白，最後兩個人不歡而散。

那是因為你們無法溝通。以我經驗，我跟某個朋友價值觀不同，就是我覺得一家餐廳除了食物要好吃之外，服務和環境也同樣重要，但他覺得只要食物好吃就夠了。在愛情觀方面，我覺得如果找不到一個合適的人，就不該結婚，但他說如果找不到合適的老婆，也要勉強找一個，總之無論如何一定要結婚。我又覺得一定要找個對的人談戀愛，要寧缺毋濫，但他認為應該隨便找個人一起，也好過獨身。在文化水平方面，他認為是我們給學校繳錢、給老師學費，所以很多事情可以由我們學生作主。但我覺得雖然是我付錢，但教育並不是服務業，我並不是老師的客人，應該要尊重老師。我和他之所以對老師與學生的關係有不同的理解，也是因為我和他有價值觀差異。又，你和朋友的政治立場不一樣，比如有個政治人物你很憎恨，但朋友覺得沒問題，又或是對於人們的行為，朋友覺得做得對，但你認為是錯。當你們一起討論的時候，也會很容易吵架。

大家的思想不一樣，會連選擇配偶要求也不同。譬如上述朋友喜歡年輕漂亮但沒有修養的女生，而我最討厭沒有內涵、言語無味的男人，不管對方多帥都沒有用，這又是因為我和朋友是兩種人。有時也因為大家觀念不一樣，當你訴說一件很氣憤的事情，他聽完也會覺得是小事一樁而已，或者你有一個理想，他也認為不重要，因為他眼中最重要的東西跟你不一樣，所以他也不會明白你。跟這種朋友說話，會話不投機，即使他是個好人都沒有用。

不是絕交，而是少找他

我有朋友自從結婚後就變成了另一個人，他在結婚前，我有很多事都可以找他商量，很多道理都是他教我的，但慢慢地他失去以前的智慧，他說很多話都是不經大腦的，我愈向他訴苦只會愈生氣。有些朋友你和他無法溝通，你不用絕交，而是減少聯絡。有些人會進步，也有些人會退步，以前可以傾訴心事的人，也不代表是永恆的。就像一個朋友不可以跟你討論嚴肅題目，但他可以和你說八卦或分享生活瑣事。

天下最大的誤會，除了自作多情之外，就是以為一個酒肉朋友可以交心。知心朋友也有條件，比如要有良好分析能力和同理心，光是欠缺這兩點，他也不能夠成為你的傾訴對象。懂得分析的人都有思考能力，所以一些不用腦袋思考的人，想法都是很表面的，所以不會理解你。至於同理心，就是一些你自己不介意的事情，你要明白別人會介意，但差勁的朋友不會同理，不會去明白你的痛苦。

其實不是友情緣盡，而是兩個人之間某種關係已緣盡，像一對鶼鰈情深的夫妻，已變成工作夥伴一樣；又或是一對情侶感情逐漸變淡，最終兩人變成了最熟悉的陌生人。

朋友之間的話題

朋友多的好處，是能有不同的話題，也會有不同的說話對象。但和朋友聊天的話題也要看對象分享。譬如你喜歡名牌，你是認真考慮想買哪個名牌的包包好，或有關於修理名牌包包或名錶的事情，不是在炫耀只是想找個人商量一下，也不能找個經濟環境一般，或從不買名牌的朋友討論，這樣不太合適了。又例如你精打細算，生活儉樸，一有百貨公司大特賣你就會去撿便宜貨，或者超市每星期的特價日也會去湊熱鬧，又只會去速食店，也只吃套餐不會單點飲料，在家裡關掉冷氣後會享用「餘冷」，或者以最低的開支去旅行等。這一切，也不能跟一個對生活有要求的朋友分享。

你需要傾訴，但有些朋友對別人的事不感興趣，那也只能當他們是普通朋友，你不能表錯情，像是有電器壞了就向他們請教，或被商店欺騙了就找他們吐苦水，他們的冷漠會叫你下不了台。如果你是家長，關於孩子看兒科醫生、幫他們選學校，或教導子女的問題等，你也不能問一個獨身女人，因為她沒有經驗。還有你的個人興趣，最好結交一些跟你有共同興趣的人，那你才不會寂寞，有問題也有個人給你問。

討論區是當今偉大發明，當我們有不同方面的問題，可以在網路上發問，總會有專家回答你。有些討論區還會按地區分類，想知道自己的居住地區有沒有某種商店或服務，也會有人告訴你。依靠朋友的幫忙有時會令人失望，因為大忙人是很多的，而且年紀愈大朋友愈少，有些朋友明明可以幫你，但因為很少聯絡，找他也太冒昧了。

為何失意的朋友都很難約

沒失意過的人，不會明白為何人們在瓶頸期會逃避社交。因為有心事就難以集中精神，而聚會就要聽人說話，在有心事的時候還要全神貫注地聆聽，那是多麼累。遇到嚴重的哀傷，是會令人笑不出來的，就算有笑容也是強顏歡笑，但又有多少人會體諒？就算對方曾經也熬過，但因為事情已過去，當下聽你訴說的對方心情很快樂，已忘了以前的感受。只有極少數人，才可站在你的角度想，明白你現在不笑不是因為不滿足，不是因為不夠堅強，也不是無病呻吟，而是真的很痛苦。

有經濟煩惱的人，是一元都會計算、連一毛都會節省，所以或許自己覺得微不足道的一頓飯，對他們來說也是負擔。你以為請他吃飯可以幫他，但你以為他會接受？有些倔強的人，會寧願不見面也不接受請客的。或許有人請你吃飯，你會很高興，但不是人人都喜歡的。有些人在開心的時候會說很多話，但對一個內向的人來說，在他們最憂愁的時候，會連說話都沒有氣力，所以何必強逼一個沒有氣力說話的朋友出來要他說話，還要埋怨他常常沉默，令氣氛冷場連連？人在嚴重憂鬱的時候會反應慢、感官遲鈍、失去警惕性，所以要他出來也是危險的。部分嚴重憂鬱症患者，會什麼都做不到，這不是懶惰，而是他們像一台失去電力的電器，不能正常操作一樣。如果你想關心低潮中的朋友，可以傳訊息，以文字陪伴他。如果你需要吃飯的陪伴，請找其他朋友。

第四章

女人心事

你想有好的品味，
先改變你的性格，
然後你自然就有仙氣了。

女人就是要對自己好

按摩師跟我說過，那些有錢太太很捨得花錢做臉部護理，也會跟隨私人教練做健身，她們會把自己維持在最佳狀態，否則老公會跑掉。我問她們的老公是做什麼工作，她說他們都是商人或專業人士，如醫生、律師等。難怪了，老公條件好，所以機會也特別多，作為老婆也不能掉以輕心。是有很多女人結婚前是美人胚子，但結婚生子後便放棄了，以為都已經有老公了，有一紙婚書綁住了，就什麼都不怕，不打扮不護膚，以前的清麗氣質都沒有了，變成黃臉婆。

其實不是老公會不會拋棄你的問題，而是人要對自己的樣子負責，頭髮皮膚乾淨及身材窈窕是一種修養、一種禮貌，這樣會令周圍的人快樂，你自己也會快樂。結婚了固然要漂亮，獨身更要漂亮，愈是沒有男人愛你，你愈要有魅力。以前老師都教導我們說，外表不重要，最重要的是內在美，但其實兩者都同樣重要，不是一個性格很好的女人就可以蓬頭垢面做人，樸素並不是優點，例如你去遠足可以裝扮樸素，但是與朋友見面或出席一些重要場合，你化妝打扮戴飾品，是代表你尊重你的朋友，或尊重那個場合。

至於愈是沒有追求者就愈要漂亮這點，也並不是說要弄得自己很漂亮來吸引異性，而是要向自己證明自己沒有人喜歡，並不是因為自己不漂亮，只是運氣不好沒有遇到人欣賞而已，或者沒有讓自己欣賞的對象。再說，讓自己漂亮是為了有人愛上，只是樣貌並不是最重要的一環。男人先被女人的美貌吸引，再發掘到性格優點，他會很喜歡你，外表是會令男人特別留意的。美女不但男人會留意，女人也會留意，有人留意就好辦事，所以樣貌是重要的。老一輩喜歡女兒樸素，是因為他們在那個年代缺乏物質，所以覺得食物才是最重要的，但時代不同了，我們有權追求精神上的滿足，所以愛美並不是罪，而修飾外表也是一種需要。

把自己照顧得很好的女生

如何知道一個女生是否懂得照顧自己？看她的清潔度。不論男或女，懂得照顧自己的人都整潔，他們頭髮天天洗，每天洗澡。不乾淨的女生，沒有流汗便不洗澡了，或者衣服穿了十次也不洗。髒的男人就是一條牛仔褲穿一個月也沒洗過的，可不能像他們那樣。

另外是看她的皮膚，有青春痘是難免，但看有沒有處理，嚴重的話要吃藥。讓自己長期滿面痘痘，就是沒有解決問題，也就是不整潔。及有沒有清理體毛，有些女生懶惰，沒有天天清理腋毛，以為冬天穿長袖衣服沒有人看到，或只穿有袖衣服便沒問題，但一舉手就讓人看到腋下很「茂盛」，也是沒有照顧好自己。還有看她的牙齒，有沒有定期洗牙，很多女生捨得花錢護膚，卻不理會牙齒，但整齊乾淨的牙齒對儀容有很大影響。此外，有沒有發黃的衣服也捨不得扔，或有沒有皺了的衣服沒燙過就穿上了。過胖或過瘦也不好。即使忙碌生活，也要吃得營養均衡，懂得照顧自己，不能老吃垃圾食物。

獨立的女生很少生病，因為她們生活健康，吃很多蔬果，也有做運動。到她的家裡看看，有沒有打掃或雜物是不是亂放，有沒有三年前的收據還保留著，或有沒有很多捨不得扔掉的紙袋和包裝盒子。最後是是否做到精神獨立，是不是什麼都可以自己決定，及什麼都可以一個人去買。

女人需要關心

有句話說「女人需要關心，男人需要稱讚」，的確女人很需要關心，與女人相處，要多聽少說，盡量給她機會說話，少說自己的事，盡量問她的事，而與男人相處，就要常常稱讚他們了，可以稱讚一個男人聰明能幹，或是他的財富和身高。然而當你向一個女人傾訴，她會以自己的經驗來安慰你，其實她想乘機傾訴，她不知道你不需要這些。

心理諮商師聽完你的煩惱，會問很多問題以了解更多，然後以一些形容詞總結感受，並作出分析，讓你知道怎樣解決，但沒有女性朋友能做到如此，她們只懂得說「我也試過呢」，然後她就成為了聊天話題的主角了。與女人聊天，可以當自己在訪問她，可以向電視節目裡主持人訪問嘉賓的態度學習，他們會因應嘉賓所說的話，而作出不同的表情，有時很明白地用力點頭，有時皺眉或睜大眼睛作一個「真的嗎」的表情，有時又會大笑起來。你可以用肢體語言來配合，將身體微微傾前、眼神專注，以鼓勵她多說一些。

你問一個女人事情，但問題很概括，像只是問最近忙什麼，她的答案會很長，因為她終於找到一個機會發洩了，實在憋了好久。很少女人只會以一兩句來敷衍的，除非是內向的女人。正常來說，幾個女人一起吃飯是絕無冷場的，因為她們都會爭著說話，除非她們都有男人性格。女人是多麼瑣碎的事都要分享的，譬如髮型師跟她說了什麼，她閨密的男朋友的事，她在街上碰到哪個朋友，她趕不上一班車等。

很多女人的問題，都是忘了坐在她前面的是朋友，而不是她的心理治療師，她忘了別人也有需要分享。世故的人講完自己之後，會懂得關心別人，讓人家也有機會分享，但不是每個人都機靈。

品味這回事

有品味，就是懂得分辨美和醜，就好像現在有些鞋子，因為一些商業行銷手法，將它們塑造得很貴，人們便趨之若鶩地想要擁有，而忽略了鞋子的舒適度或適不適合自己。人的要求低了，是與事物供應的品質有關的。品味的能力，也像才華一樣與生俱來，但是也可以靠後天培養的。自小富裕的人會比暴發戶有品味，是因為從小有欣賞美麗東西的條件。他們有機會看高級服裝店的華美衣服，上高級餐廳欣賞典雅的裝潢，周遊列國，看遍美人美事，所以他們的視野寬闊，他們知道什麼才是有品味的東西。至於出身寒微的人，接觸到的也只是普通水準，沒有比較，不知道天外有天，所以以為眼前的物品已經很別緻了。我常常鼓勵別人逛名店、看名牌珠寶，並不是因為虛榮，而是當作逛美術館，因為這樣可以拓展視野，知道名牌跟普通牌子衣飾的設計有天壤之別，而不是做一隻井底之蛙，以為很平凡的裙子不平凡，以為有很多細節的外套就是特別。

品味也是與一個人的學識有關的，有學識的人不會太愚蠢。以我來說，在認識的人當中，我覺得那些唸藝術的朋友品味都比較好，因為唸藝術需要有鑑賞力，那才會有好作品。看一個家長有沒有品味，看他們孩子穿的衣服就可知道，有些是胡亂搭配的，看得人眼花撩亂；反之有些小孩穿得簡約雅緻，令人舒服，小孩也可散發氣質的，端看大人如何幫他們打扮。看一個男人的品味如何，看他的女人也可知道，優質男人不會喜歡一個濃妝艷抹、衣著暴露，五官一看就知道整過形的女人，也不會喜歡一個很庸俗，說話有一百分貝，一開口就停不了嘴，喜歡道人長短，還要貪小便宜的女人。

品味也是跟性格有關的，你親切、善良、平和、寬容、有愛心、有同情心，為他人設想、慷慨大方，你喜歡的衣服也會是低調優雅，因為你的性格是如此。因此你想有好的品味，先改變你的性格，然後你自然就有仙氣了。

人的看法是與自己的經驗有關

有次一個跟我萍水相逢的中年女人，問我結婚了沒有，我說還沒，她便說：「不結婚也好的，結了婚也未必快樂的。」起初我以為那是客套話，但後來我知道她離婚了，難怪了，因為她自己婚姻不愉快，所以認為結婚的結果會是不快樂。可是如果她的婚姻美滿的話，可能她會鼓勵我說，快點找個男人結婚吧，結了婚會很幸福呢。

有些常常鼓勵別人買房的人，可能他自己已買了房，或者有買房的打算。一個長期租屋的人，是不會規勸人家買房的。一個大學畢業生，也會鼓勵別人上大學，而不會叫人早點出來工作；反之，一個中學畢業的人，可能會對別人說，學歷不高也會有錢途，還會說大學畢業也未必高薪。一個在教會裡得到很多關懷的信徒，也會鼓勵別人去教會；也有些信徒跟教友合不來，他就會認為去教會也會寂寞。一個女人因為自己是獨女，覺得很悶，所以她一定要生兩個以上的孩子，讓他們彼此有個玩伴，這與她自己的經驗有關；但一個與兄弟姊妹關係欠佳或者被父母冷落的女人，她可能會認為生一個孩子就好，可以集萬千寵愛在孩子一身。有些母親自己的子女長進，她們會認為生孩子可以養兒防老，反之，一個母親如果子女很潦倒，是自己的包袱，她會叫人千萬別生孩子。一個從沒失過戀的女人，會說談戀愛是多麼甜蜜，可是一個被拋棄過的人，會明白戀愛有甜酸苦辣，會提醒準備戀愛的人要有心理準備，不會只有快樂的時候。

總之，在某個情況裡，有些人會快樂，有些人會痛苦，所以他們的意見也是主觀的，深受其經驗所影響。

十六歲時喜歡的男生

年少時喜歡的男生，如果現在他接受你，你未必會跟他一起，因為你以前和現在的要求不一樣。

在你自己還沒有學問，朋友圈狹窄的時候，你會很容易欣賞一個人，因為他是你認識的人中最突出的一個。或許是一些稍為有名氣的人，或做一份冷門工作的人，你覺得他很厲害，但其實有更多人比他能幹，只是你還沒遇到而已。在你還是一張白紙的時候讀一些勵志書，你聽到那些道理有如醍醐灌頂，但是當你碰過很多釘子，你會有自己的一套理論，會比作家們更一針見血，明白原來很多朋友的作用，也只是給你鬆弛神經。你終於醒悟了，不再天真，不再活在黑是黑白是白的世界裡。年輕時，你或許也會欣賞一些無師自通，自學樂器的人，但有了知識，才知道彈奏樂器不是那麼簡單，所以以前視為有才華的人，現在會覺得他們很普通。真正的音樂家，是在自己的音樂領域不斷精進琢磨的人。在二十多歲的時候，我也認為有些作家文筆很好，因為那時候我閱讀書籍的範圍比較窄，所以不知道什麼才是真正的好文筆。在各方面的藝術，要多聽多看，而不局限在一個小天地裡，有了比較，才知道什麼是最優秀。

十六歲時喜歡的男生，或許只因為運動出色，或者因為他充滿自信，說話語氣肯定一點，髮型好看一點而已，但在你很努力提升自己後，發覺原來自己也比他優勝得多，他也許已經配不上你了。人要努力不懈，不斷進修，是因為你可以把自己的價值提升，那你才有資格追求高品位的人，就好像有句話是，與其嫁入豪門，不如自己成為豪門。如果你自己也是普普通通，什麼都不懂，還放棄了外型，你又有什麼資格跟一個高素質的男人在一起？

你有優點他就會喜歡你？

或許你有一些性格優點，但你心儀的男生拒絕了你，那是因為你的優點並不適合他。每個人對伴侶的要求也不一樣，一個女生的某個特點，在男生A眼中是優點，但在男生B眼中卻是缺點。有些人喜歡開心的人，也有些人喜歡有思想的人。你很漂亮，但不是每個男人都認為女人的美貌是首要條件。你為人著想，但有些男人會寧願選一個獨立的老婆，也好過一個心地善良卻很黏的女人。又或是你很獨立，但也有男人不要求女人獨立，因為他自己也要人陪，覺得最好兩人都要人陪，那大家就可以終日黏在一起了。有些男人很隨和，即使女朋友要和他每天講電話，他也不覺得煩人，反之有些男人需要私人空間，要跟女友偶爾保持距離。又例如文靜這點，有些男生會覺得這種女生很有氣質，但另一些男生卻喜歡活潑健談的女生。

談戀愛是講求運氣的，可能在一個單戀你的男生眼中，你有一百分，但在一個你單戀的男生眼中呢，卻只有四十分，因為你單戀的人不懂欣賞你的優點，而且你欠缺一些他重視的優點。人在一生中，只要有一次兩情相悅的機會，已屬幸運，即使不能開花結果，也有美好的回憶。有多少女人只因有個男人條件好或待她好，便嫁給他了，卻從沒愛上他。愛情的快樂是沒有別的快樂可以替代的，很多快樂可以用金錢買回來，譬如物質的快樂，安定生活的快樂，足夠的營養，不老的容貌等，但愛情的甜蜜卻是有錢也買不到的。

失戀不再可怕

我們在很年輕的時候，會只因為喜歡的人不喜歡自己便傷心流淚，無心工作，那是因為我們尚未有什麼經歷。一個經歷愈多痛苦的人，愈不把失戀當作一回事，因為失戀與大病、失業、經濟問題、失去至親相比，也只是雞毛蒜皮。換句話說，一個遇過無數挫折的人，在比較之下，很多別人認為很嚴重的煩惱，他也覺得是小問題，因為更大的難關也跨過了，眼前的問題也不算什麼。

人在諸事不順的時候，才會清楚什麼是重要的，什麼是不重要的。一個幸福的人，他不愁衣食，所以當他失戀時會覺得遭受很大的打擊，就是因為他一無所缺，失戀才被他看得那麼嚴重。但一個處於生活瓶頸的人，有實際的煩惱，擔心下一頓飯從何而來，這時就算被心上人拒絕了，他也不會呼天搶地，因為生活費比愛情重要得多。冷靜是經過多年訓練而成的。我們面對一個瘋子，不同人會有不同的反應，一個在精神病院工作的護士，因為每天應付很多患有嚴重精神病的人，所以即使有個人在她面前大叫大嚷，她也能夠沉著應付；可是一個普通人呢卻很容易受驚，因為這對他來說太新鮮了，他無法鎮靜下來。

當你獨力處理過很多問題，遇到新的煩惱時，你也不會太擔心，因為以往很多棘手問題，你也一一解決了，很多原先災難化的煩惱，原來解決辦法是那麼簡單。也會明白世事總是意想不到的，以為絕望卻竟然有希望，所有事情也都有變化的機會。一個女人如果只是因為臉上多了一條皺紋而煩惱，是因為她沒有真正的煩惱。人在最徬徨的時候，是沒有心情管閒事的。

包容也是因為愛

我的一條裙子有瑕疵，但因為我很喜歡這條裙子，所以仍然穿著。回想幾個月前，我有另一條裙子也有相同的瑕疵但我扔了，那是因為我不太喜歡那條裙子。

當你很喜歡一個人，會包容他的缺點，並不會因為他的缺點而不要他。如果你連他一個缺點也受不了，那是因為你愛他不夠。當你的戀人開始挑剔你，其實這些缺點一直存在，只是他以前愛你，所以可以接受，當他沒有那麼愛你，他就會覺得你有很多問題了。當他完全不愛你，就算你關心他，他也會覺得討厭，即便做的一些事情沒有所謂對與錯，但他也說是錯的。所以當你很愛一個人，你的忍耐力也會很驚人，其他人對你做相同的事你不能容忍，但對他卻可以。

就算是友情也一樣。如果我很喜歡一個朋友的話，他某種行為如果由他人所做，我不會原諒，但若是他做的話我就會包容；別人說某句話會很傷我自尊心，但若是由他所說的呢，即使說過很多遍，我也不會疏遠他。又像女人，有些名牌包包很重，但因為女士們很喜歡，所以即使肩膀痛也可以忍耐；又或是很漂亮的高跟鞋，穿了走路不方便，但因為好看，所以女士們也忍受腳痛的折磨。有次我看見一個名模出席商店的宣傳活動，因為我很喜歡她，所以也擠到人群中拍攝她，雖然平時我怕人多，但我也可以忍受。佛家說有愛就有苦，沒錯，愛是帶著苦的，愛會令人失去理性，愛也會令你犧牲很多。

有很多男朋友的女生

當我們知道一個女生有很多男朋友，有無數次的戀愛經驗，我們都會評論她的外貌。如果她漂亮的話，我們會覺得很合理，但如果她不漂亮的話，我們都會覺得沒道理。其實女人的男朋友數目，未必與其樣貌有關。在演藝圈裡最漂亮的女明星，她們交往過的男朋友也可能只有三四個，然而我們認識的人，有些有十個男朋友那麼多，但她們又是不是大美人呢？

如果我們硬要說魅力是跟樣貌有關的話，女人漂不漂亮也是與職業有關的。在一個行業裡，美女太少，那略為順眼的人也變成大美人了；但一個在公司裡被稱為「最漂亮」的人，若走進演藝圈裡可能變得很平凡，因為比她更漂亮的人多的是。又不論男或女，戀愛機會也是與人的生活圈有關的，如果在工作上接觸的人也只有那麼幾個，認識的人少，那當然機會就少，這是跟素質無關的。或者同事多，見的人多，但全都是女人，那也會很難找到男朋友。

至於性格方面，內向的人是吃虧的，因為人們都喜歡開朗健談的人，男生喜歡笑容滿面又可愛的女生，所以如果你很文靜，即使漂亮也會很難引起男生的注意。內向女生看似冰山的態度也會被誤會，以為她們難以接近，所以要與她們熟絡之後，才會了解到她們的優點。此外，害羞的女生也不敢主動追求男生，所以她們往往是痛苦的暗戀者，除非她們幸運，遇上一個同時喜歡她的男生。太喜歡獨處的女生，也會很難認識男朋友，因為她們失去一個「男友是朋友的朋友」的機會，而且因為沒有群體生活，即是沒有新朋友，那又怎會有來源呢。

在二〇〇五年到二〇一二年的美國人婚姻中，有超過三分之一是由網戀開始。如果你接受跟網友談戀愛的話，你找到伴侶的機會會大得多。聽說過網戀就是現代版的「在酒吧找對象」，是的，大家本來都是陌生人，既不是同學也不是同事。

喜歡聞咖啡但不喜歡喝咖啡

朋友說她喜歡聞咖啡的氣味，但不喜歡喝咖啡。

有些男人看看是好的，但不能和他談戀愛，有吸引力的男人未必是個好男友。同樣的，好男友也未必是個好老公。有情趣，有見識又會逗人開心的男友，做男友的話不會悶，但共同生活就可能會有很多問題。很多有趣的男人都任性，但很多又悶又老實的男人，卻會是個有責任感的好老公。換句話說，與一個帥哥談戀愛，能夠給你視覺享受，也很有面子，但卻不一定實際。也聽過一句話，愈好看的鞋子就愈叫你痛苦。往往有時候最普通、最樸素的平底鞋，也是最舒服的；反之，最有女人味的尖頭高跟鞋，會最折磨你；還有衣服，穿褲子比穿裙子方便，但會沒有那麼優雅；真皮包比布包大方，但你的肩膀負擔很重。因此，當你愛上一個人或一件物件，遠觀是不錯的，但不一定要擁有，道理就像聞咖啡一樣。

又回到帥哥的問題，不一定要和對方做伴侶，能夠和對方做朋友也不錯，與人相處不要一開始就抱持目的，比較不會被期待傷害。有部電影有一句話，一個男人愛上一個女人，男人說：「我不會期望你也喜歡我，我喜歡你已足夠了。」是的，為什麼一定要你喜歡的人也喜歡你呢？不執著於沒有把握的事情，人生會更快樂。

戀人之間的默契

有一些男女，他們沒有牽手，沒有擁抱，但是你會知道他們是一對戀人。因為戀人之間的距離會不自覺貼近。有一次在一個場合，我看見我朋友跟一個男生，身體相互依靠著走路，如果一對男女不是情侶的話，他們通常會保持一點距離，這是禮貌，也是男女授受不親的印象。也有一次在音樂會中，我看見我教授跟一個女生坐在一起，他跟她說悄悄話時，手臂互相挨著，我也知道他們戀愛中，跟上述道理一樣，普通朋友的身體不會那麼近。我曾看到一張照片，在一個講座中，一對夫妻坐在一起，男的把腿放在女的前面，已霸佔了她的位置，這也表示了兩夫妻的界線不用分得太清楚。平時我們坐公車會坐得很端正，不會超越了自己的座位，因為旁邊的人不是自己的伴侶，我們要注意規矩，但若旁邊的是戀人，我們就比較放得開了。

也有一些行為是情侶才會做的。有一次我去教會，坐我前面的男女，本來也沒有什麼親密行為，但當女生從男生的背包裡拿水來喝，我便知道他們是戀人，因為普通朋友不會隨便打開別人包包的。以前我工作的學校裡，也有兩個老師談戀愛，雖然他們愛得低調，但是有一次，女的在男的桌子上吃橘子，同樣的，這也是普通朋友不會做的事情。還有一次，男的在操場打羽毛球，女的在樓上沿著走廊走路，一邊靠著欄杆看著自己的男友打球，如果不是自己的男人，是不會這麼明目張膽地盯著一個不熟的同事打球的。因此，要知道一對男女的關係，並不是只看他們有沒有親吻或牽手那麼簡單，而是要留意一些細節，而這些細節是戀人才會做的。

我也曾在熱鬧的街上看見我一對戀人同學，一起走路時不但沒有牽手，還距離很遠，那我知道他們的感情已出現問題，果然，不久他們就分手了。因此一對已貌合神離的情侶，你會看得出來的。

之所以變成氣質女神

我和友人都覺得某演員氣質一般，但不知為何能被稱為「氣質女神」，這除了因為人們的品味各異之外，也是每個年代對於氣質的審美觀不同。在二十年前，一個女歌手出道，一炮而紅，很多人都覺得她唱得好，但我朋友冷靜地說：「她不是唱得很好，她只是比其他歌手唱得好而已」。以上提到的「氣質女神」，她的優點是樣子不討厭，臉上也沒有缺點，所以她和其他女星相比，她的確較為優勝，但她與「大美人」水平又有一段距離；然而因為現在年輕一輩女演員並沒有大美人，所以她就「自動當選」，成為大美人了。

在香港，只要能夠寫字的人就是作家了，讀者不會理會他的文筆如何，除非看過嚴肅文學作品的讀者，才會知道什麼才是好文筆。但因為大部分人都沒看過嚴肅文學，所以他們的要求才會這麼低，以為能夠寫出完整文章的作者，就是大文豪了。很久以前在我的一個社交圈裡，有男生帶了他暗戀的國中同學來，說她是校花，但我和一個女生都覺得這個「校花」很普通。朋友還說，如果連這麼普通的同學都是校花的話，那其他女同學更不堪。在任何團體中，總會有一個女人被指漂亮，這又是比較性的問題。其實這女人不一定標緻，只是其他女人更糟，但人們又硬是要選一個「最漂亮」的人出來，所以便說她是「美女」，但這是名不符實的。

另，不論在哪個領域，一個人的要求如何，是與他的見識有關的。一個沒吃過米其林餐廳的人，會連漢堡都覺得好吃；沒坐過uber的人也會滿足於計程車，又或者一位少女為講台上自信的男老師著迷，但外面的世界很大，她因為太年輕，所以沒見過出類拔萃的男人而已。因此，我們常常聽見中年人說，以前哪個歌手才真正唱功好，以前哪個女明星才真正艷麗，是因為以他們的年紀，他們認識的藝人較多，才會懂得分辨好與壞。

美女從事的工作

多年前跟一個朋友一起去肯德基，買完食物後，朋友跟我說：「這個收銀員樣子不錯，但她只是在快餐店工作，真浪費了」。後來我又遇到一個即使戴了口罩也很漂亮的美容師，當時我也想，美容師不需要長得美，所以她的美貌也是浪費了。現在我的按摩師也很美麗，但是我有不同的想法。在此我先說，其實漂亮的女生從事哪些工作最有利？

當我們看到一個美女，就會叫她去參加選美來抬舉她。我上大學時，也有個女同學貌若天仙，當時我也跟同學們說：「她為什麼不去當明星？」除了明星之外，有什麼職業是需要美貌呢？還有模特兒、化妝品售貨員、業務員等，因為客人看到漂亮的店員，有了好感就容易什麼都答應了。還有一個身分需要漂亮，就是富豪的太太。只是我想到，一個職業或身分，樣貌是一回事，但性格也是另一回事。一個長得漂亮的女人，或許她的樣貌適合某種工作，或她驚艷得可以嫁入豪門，但不代表她的性格也同樣適合的。

當年我年輕，以為美女都應該當明星，但其實不是所有人都適合當明星的，比如臉皮薄、內向、喜歡低調、很介意別人怎麼說的人。又例如我的按摩師，她也是個文靜的女生，她作為按摩師好像浪費了她優秀的外貌條件，但按摩師不用說太多話，跟其他同事也沒有瓜葛，所以可能這份工作正適合她。如果她憑美貌去當營業員，要常常戴面具說很多假話又要假笑，要逗人開心，這並不是她的性格會做的事，所以她工作也不會愉快的。我看過一個電視節目，訪問了一位職業心理學家，她說有個案是有個人很老實，很為他人設想，卻是業務員，這不適合他，因為推銷的時候怎可太考慮他人的感受？不夠自私的話就做不成生意了。然後公司便調他到員工福利部，因為他常常為別人的利益著想，所以這個職位正可發揮他的優點。

因此，一個不願妥協、愛自由的大美女，也不能當豪門媳婦，怎可不想生孩子便不生？也怎可拒絕出席大家族聚會？所以她做普通人會更快樂。

美女的性格

從小到大認識的漂亮女生，很多都是外向的。她們都自信、聰明、話多、愛笑，會主動跟人打招呼，也夠膽向陌生人搭訕。

人的外貌是會影響性格的。樣子不漂亮的人，因為不想別人留意自己，所以會封閉自己，形成孤僻性格。部分漂亮的人，會喜歡社交生活，因為她們享受別人看著她的樣子，其實心理有點像炫富，好像有些有錢人會想人家知道他們有錢一樣，同樣的，美女會想要有更多人留意到她們的美貌。自卑的人，連說話都特別小聲，也不敢直視人家的眼睛，有點駝鳥心理的，他們以為自己不看著別人，別人也不會看著他。對樣貌沒自信的人，一有人盯著他就會渾身不自在，總覺得別人在研究他的缺點，敏感多疑。雖然自信是來自多方面的，除了樣貌之外，也包括一個人的天資和成就等，但美貌真的會令人自信。面試官會喜歡自信的、健談的、友善的求職者，他們會不喜歡一些寡言的人，而內向的人都會限制自己的話語，所以這種人找工作會比較吃虧。有些本來兒時外向的人，因為在成長期時樣貌被批評，所以會變成內向性格，他們在面試時的表現也會不被欣賞。

沒自信的人，本來聰明也變成不聰明，因為他們不了解自己的優點，所以沒有好好善用和發揮；而漂亮的人因為自信，相信自己是聰明的，所以他們心態積極，會容易成功。我們會安慰不漂亮的人說，人不會永遠漂亮，每個人都會老，但內在美卻不會變，又會說美貌不能留住一個男人的心，性格才最重要，但這是多麼消極的想法。追求美麗並沒有錯，如果你終日為臉上一個缺點耿耿於懷，而又有能力整形，這是值得的。如果金錢能買到自信，我們應該善用這個機會，讓自己快樂起來，然後事情就會順利了。

自信的人眼睛會有神采，所以本來已經好看的人會更好看，造成良性循環。我有很多國中同學，都是出來工作後變漂亮了，所以樣子是可以靠後天努力的，不過還是要豐富自己的內涵，提高修養，否則那種美會欠缺氣質。

第五章

人性的秘密

城府深的人會表面上恭喜你，
但在背後說你壞話，
一個會替別人高興的人，
是罕見的好人。

人的反應是與經歷有關

相同的一句話，相同的景象，不同人聽到或看到後會有不同的反應，那是與他們的過去有關的，可能是他們的心理創傷。

有一部小說寫道，一位太太因為看見有人的衣服上有性感女人的圖畫，所以忽然發瘋了，人們都不明所以，原來是因為她的老公有外遇，而這些性感女人的圖畫令她想起小三，所以她這麼受刺激。因此我們要明白一個人，不能只站在自己的角度看，要想像如果我們有和他相同的經歷，我們又會有什麼感覺。當一個人不被相信的時候表現很激動，可能是因為童年陰影，曾經因為沒有人相信他而令他覺得冤枉，所以當再有同樣情況發生的時候，這些不愉快的記憶又浮現出來了。如果一個人小時候常常被說愚蠢，長大後當有人批評他的智力，哪怕只是開玩笑，他也會認真對待，因為這是他的死穴。同樣的，一個人從小到大常常被批評，那他到了老年時，每當有人批評他，他也會激動自辯，因為那是他終身的傷口。一個以前常常被人欺負的人，會容易誤以為別人欺負他，也是因為他的陰影；

一個人常常以為別人騙他，也可能是因為他被欺騙過，所以對人不信任。

有一次我做瑜伽，導師在講解一個姿勢時，說做某個動作時腳掌會有皺紋，這時一個中年學員很不悅地說：「是啊，我有皺紋啊！」其實是她太敏感，如果是一般人，聽到導師的指導時，不會聯想到臉上的皺紋。憂鬱症並不是神經病，但仍然屬於精神病，有一個憂鬱症患者告訴我，每當她聽到有人說「神經病」，也會觸動她的神經，因為她下意識認為自己有精神問題，即使沒有人這麼說過。

請你仔細回想自己做夢時的情景，有很多都是跟以前發生的事有關的，這些事情都留在你的潛意識裡，在做夢時跑出來，或許那些都是你曾經很在意的事情。

表面上很快樂的人

在網路上訂飯店，看到有一家不錯，但有評語說洗手間有污漬。起初這也令我怯步，但後來我想到，其他沒有被說有污漬的飯店，也不代表絕對乾淨，所以我最後還是訂了最初決定的飯店。沒有被批評的飯店，也不代表完美，只是住過的人沒寫評語而已。

我們許多時候也會以為事情就像表面看到的那樣，沒有去思考事情的另外一面，例如一個不報憂的朋友，就一定沒煩惱；一個沒炫耀成就的人，就一定沒成就；一個女人沒說曾被追求，就一定沒人喜歡；一個人沒說過追過異性，也就一定從不主動追求。當我們看見一個男人給他老婆那麼多的物質生活，就覺得這女人很幸福，卻不知道她所要付出的有多少；一個朋友多的人，我們又會認為他人緣好，卻不知道他也做了很多事來交換。世上沒免費午餐。我們以為看不到的東西，就一定不存在，聽不到一個消息，就沒有這件事。

我有一個家境優渥的朋友，因為低調，所以一些認識了他十年的朋友也不知道他的出身，不知道他的生活水準，還處處為他的荷包著想，像是跟他一起吃飯時，建議一些平民餐廳，以為要遷就他。人們都是自己的情況如何，就以為別人的情況也如何。有一次我到超市買海鮮，因為每份海鮮的份量不一樣，所以價錢也不一樣。那次請店員幫我取一包，她說：「這包是最便宜的。」其實我沒要求最便宜的，只是她自己想著要最便宜，所以以為我也一樣。我們也有些朋友，常常提及某個煩惱，那我們便以為他只有這個煩惱，覺得是小問題，但人們真正的心事才不會說出來，所以一個人說出來的事，可能只是他的煩惱的十分之一。也有些人報憂不報喜，因為他謙虛，或者覺得沒必要分享快樂，所以有些人的天分我們也不知道，因為他沒有講。因此，我們覺得某個人很普通，但可能他很有才能，他只是沒告訴你而已。

沉默的人的優點需要被發掘，因為他做了什麼或他的思想，也統統沒有告訴你，所以這種人要比較熟的朋友才會懂得欣賞他。

一個人不快樂，看這世界是灰色的

朋友說不喜歡以文字與人溝通，因為光看文字會不知道對方的表情和語氣，尤其當他心情不好的時候，會負面的理解他人的訊息。其實不光是文字，一個不快樂的人，看什麼都是負面的，當聽見A對B好，會說是因為A依靠B；有人關心他，會說是對方八卦；有人分享開心事，會說是在炫耀；有人買了便宜的物品，又說對方一定是為了省錢。

我認識一個人，當有朋友極力推薦她買某個牌子的電器，她竟說是因為朋友會獲得佣金才推薦她。當有朋友叫她買某種用品，說不是很貴，她又認為是別人瞧不起她節儉。有時朋友介紹你用一種物品，說很便宜，並不是因為覺得你窮，他是為你的荷包著想也是為你好，難道引導你浪費金錢才是尊重你嗎？這種人凡事也想得很複雜，上述朋友，當一個很久沒聯絡的朋友找她，她又會很警惕，覺得別人有目的。她又會避開一些有經濟問題的親戚，怕他們找她借錢。在臉書裡，我們都會加很多舊同學，難道我們又是有目的？貧窮的人也不一定會問人借錢的，有些就算主動說要借錢給他們，他們也會拒絕。

想知道一個人快不快樂，可以聽他說的話、看他的表情。不快樂的人，說話內容盡是抱怨、指責、批評、仇恨，充滿懷疑和嫉妒。快樂的人雖然也有他的痛苦，但他未必會說出來，因為他很快就忘了。有一次我約了我長輩在商場等，是我先看見她的，當時她的表情因為不是在防備中，所以是最真實的。那是一個又驚恐又憂鬱又怨恨的表情，複雜得沒有一個演員可以做得出來，我就知道她心底裡是多麼不快樂。心理健康的人，有人對他好他會感激，不會添油加醋，有人分享旅遊的愉快經驗，他也會替別人高興，不會看作炫富。

什麼都不在乎的人

曾經認識一個什麼都不在乎的朋友，他的姿態受性格所影響，所以總是那麼淡定冷靜。有一次我過馬路時碰見他，叫他的名字，他只是很平靜地轉過頭來跟我說話，並非如一般人那樣，彷彿有「重大發現」，瞪大眼睛高聲說「這麼巧呀」。

對什麼都不在乎的人，最大特點是不在乎身外之物，他們遺失了一件東西，並不會呼天搶地，卻會鎮定地說丟了可以買一件新的。他們對名牌沒有興趣，也沒有擁物狂，不喜歡購物。他們亦不會很緊張自己的身體，不會這個不敢吃，那個不敢吃，在生病的時候也不會忌口。有人欠他的錢，他不會追，哪怕數萬元。他付出了不求回報，不計較，對朋友是無私的奉獻。他們很適合失戀，因為明白愛情也是身外之物。事實上沒有什麼可以影響他的情緒，就是因為他不上心，所以他情緒穩定。對於同事們在背後如何說他，他可以當笑話般告訴好友，他一點不介意。

他沒有野心，並不希望升官發財，因為升職後會多了責任。他不在乎那數千元加薪，只求安定，輕輕鬆鬆地坐在一個他喜歡的工作崗位上。找工作他會看重興趣多於薪水，他真的不在乎金錢，這也是因為他的物慾不大，對生活要求不高。有朋友和他絕交，他也只是感觸一時，並不會受到很大刺激。其實我們對什麼都不在乎，是養生之道，因為你會心境平和，情緒沒有起伏，那自然身體好。

這是沒有人關心的表現

要了解一個音樂家，最好是看他寫的信。莫札特是個不快樂的人，他的音樂裡充滿問號，而一個憂鬱症患者也會有很多的問題。是的，不幸的人都會問，怎麼會是我？這種事怎麼會發生在我身上？我是不是做了壞事所以受到報應云云。莫札特在二十一歲時寫過一封信給父親，第一句是「今天我的音樂會很成功」，但最末一句是「我的臉上長了一顆瘡」，而這句話代表他沒有人關心。一個沒有人關心的人，不管是多麼瑣碎的事情也會寫出來，想有人回應問候，有人理會一下。一個人如果在現實世界裡得到足夠的愛，他是不會依賴陌生人和網友的關心的，他也不會有在網路上交友的意慾。

說到關心的問題，其實即使你有許多朋友，也不代表會有很多人關心你，也不代表可以隨時聯絡，可能他們只是酒肉朋友，或者他們在需要你的時候才會想起你；而我覺得你之所以沒有人關心，那不是你的錯，不是你性格不好，只是你運氣不好而已，可能對別人來說沒有利用價值，所以沒有人記得你。更偏激一點的例子來說，你有父母和兄弟姊妹，也不代表他們都會關心你，有血緣關係的人也不一定會對你好。

一個缺乏關心的人，一旦找到一個願意聆聽他的人，就會失控，一直說下去說下去。配偶也不一定是個靈魂伴侶，可能大家只是互惠互利而已。因此你會看見一些有老公的女人，不知怎的，也一天發十幾個文，差不多打個噴嚏的事情也寫出來。人生本是悲哀的，我們每天跟那麼多人擠在一起，跟許多的人一起吃飯，一起說無聊話題，而跟自己最親密的人，彼此的心卻離那麼遠。

眼神出賣一切

那天我到房屋仲介公司，是為了放下房東的信件，請仲介員幫我交給他。出來的時候，迎面而來一個男人，那一刻他離我很近並看了我一眼，眼神野心勃勃，好像想把我吃掉似的。十分之一秒之內，我肯定他是仲介員，也是這公司的職員，果然，我回頭一看，他真的進去了。因為如果他什麼都沒拿，又是穿西裝的，那他一定會是仲介員而不會是客人了。是他的工作形成他這種可怕的眼神，因為他必須很進取才可維持穩定的收入，或者他已下意識把我當作獵物，心裡猜想我是不是來找房子的。我想起有個朋友說過，他有國中同學本來很單純，但自從當了仲介員之後，就整個樣子都變了，變得很邪惡。一個人個性變了，道德觀和價值觀變了，就會連五官也變了，這句話一點不假。但當然不是所有仲介員都是邪惡的，老實和有良心的我也遇過。

上大學時我認識了一個學妹，樣子挺漂亮的，很單純，甘願被男友欺負也不放手。後來我和她都畢業了，有次她約我出來喝咖啡，說她從事保險業，想給我介紹保險。那時候雖然我一定不會買，但我也不知為何赴約了。是她先到達咖啡館，我遠遠就看到她，當時她尚未看到我，我看到她的眼神裡充滿煞氣，跟以前無辜的眼神有天壤之別，那一刻我就知道她已經變了，已不再是那個徬徨、不知所措的小女孩了。又有一次，我的作曲家教授舉辦講座，我在場外等候時，看到一個男人走過，他很突出，整個人是發亮的，彷彿當下整個現場背景都是黑白的，他卻是彩色的。他的眼神充滿自信，神采飛揚，後來我才知道他是幫教授彈奏其他作品的。因為好奇心，我搜尋過他的資料，才得知他不只是懂得彈鋼琴那麼簡單，他還在國外知名大學主修數學，又是作曲家，所以是我教授的徒弟。他有三項專長，絕不會懷疑自己，難怪雙目炯炯有神了。

當你的戀人跟你在一起的時候，眼神變得很不耐煩，你也是時候離開了；又當你的戀人，老是用輕蔑的眼神看著你，你又何必再受著他的氣，何不遠走高飛？

雙面人

有一種朋友他常常挖苦你，但他對其他人的態度很好，所以人緣也好。你會很不服氣，恨不得對全世界說，他其實不是那麼友善，想把他的真面目公告天下。有些人對不同人會有不同的態度，但他喜歡或不喜歡一個人，那是沒有道理的，不是因為你不好，他就不喜歡你，對你態度差了，甚至就是因為你有修養，他才要對你呼來喝去。

大部分的人都是欺善怕惡的，就算是小孩也是如此，小孩會欺負仁慈的老師，命令沒有威嚴的父母，但對兇巴巴的師長，就會對對方言聽計從，不敢犯規。只有小部分心地善良的人，遇到好人只會更愛惜他，更不忍傷害他。或許你也認識一些男人，在公司裡是好好先生，但想不到他會打老婆。一個人的行為不能看表面，很多謀殺案的兇手，鄰居都說他很有禮貌，會主動跟人打招呼，他未必偽裝，可能他是個很有禮貌的兇手。又有一些人在朋友面前很大方又樂於助人，或者有紳士風度的男人，你也想不到他會用髒話罵女友，極盡冷嘲熱諷之能事。

人在群體裡需要被肯定，所以我們都會尊重別人，為了生存，多麼不願意的事情都會做，因為害怕被排擠，可是卻會常常欺負最親密的人，因為欺負了也不會有什麼後果。人性的醜惡是，如果做了一件壞事後不會對自己不利，那就會去做了，不做壞事也只是怕有損失，而不是道德的問題。真正的好人，會尊重所有人，即使是那些很謙卑及依靠他的人，他也不會在某些人面前有優越感，他是一視同仁的，沒有階級觀念。此外，在一些地位高於他的人面前，他也不卑不亢，他會尊重自己。

人的思考模式

有一次在餐廳，服務生給我一杯東西，我以為是咖啡，便請她給我一包糖，她瞪大眼睛問我：「糖？」我再看看，發現原來這是湯而不是咖啡。我以為是咖啡，是因為杯子那麼小，而且液體是棕色的。人總會以為形狀差不多的物件是同類，我有個朋友的女兒只有三歲，她說女兒會拿起電視的遙控器，放在耳邊當電話使用，因為兩者樣子差不多，都是有很多數字跟按鈕。國中時有次聽廣播，聽到一個笑話是有個女人拿起殺蟲劑，當作是頭髮定型噴霧使用，因為兩者都是壓縮的容器，都是噴出來的。

或者我們心裡覺得放在某個位置的東西，也一定是某個物件。有次我入住一家酒店，當我要洗手的時候，看見洗手盆旁邊有一瓶液體，我很自然地按一按，以為是洗手乳，但原來是潤膚乳。因為我心裡已有個概念是，凡是放在洗手盆旁邊又是一瓶的液體，一定是洗手乳，我誤會了。也聽說過很差的洗手間設計，是在洗手盆旁邊有按鈕可按出液體來，很多人也以為是洗手乳，便伸手去按，沒想到原來是消毒液。有些人以為凡是在路邊的鐵桶，都一定是垃圾桶，像電視節目報導過有一家賣臭豆腐的店，把一箱豆腐放在路旁，很多人以為是垃圾桶，就把煙頭丟進去。

人在心緒煩亂的時候，會隨便取起什麼便使用。我也曾經有過忘了桌上的面紙已經抹過餐具，便取起來抹嘴；也有過跟同學吃飯，他取起我的奶茶喝了一口。人在清醒的時候，會懂得把物件分類，比如有一家酒店的洗手間，沒寫清楚哪個箱子放用過的毛巾，哪裡放髒的抹手紙，而令一些很大意的人沒看清楚亂丟。我曾在美容院更衣室，看見有客人把用過的大毛巾，丟到放小毛巾的箱子裡，其實入口那麼小，不知是如何把大毛巾塞進去。人的雜念多、煩惱多的時候就會容易做錯事。

難以啟齒的嫉妒心

我們討厭一個人，會不怕讓人知道，就算我們極端地想讓對方沒有好下場，這也不是秘密，但當我們嫉妒一個人，就算是最親密的朋友，我們也不想坦白。差別是你憎恨一個人，還可以說是對方的錯，因為他惡言惡行令你不喜歡他，把罪歸咎在他身上，但你嫉妒一個人呢，問題很可能在你身上。就算真的對朋友傾訴了嫉妒，他們的回應也不會好聽，通常是說「各有前因莫羨人」，或者叫你不要與人比較，是帶批判性的；好聽一點的，會說人家也有痛苦，他也要付出的，用這樣的話來安慰你。

嫉妒心重的人，會連一個沒有得罪他的人也嫉妒，比方說，在公司的會議上，老闆宣布一個同事升職，就算升職者不是他的敵人，他心裡也會不舒服。這種人見不得人好，不論對方是友是敵，甚至根本不認識對方，他也會在心裡嫉妒。嫉妒陌生人是很無聊的，這種人時間太多，常見的情況是嫉妒名人或網友，看網友的留言，你會看到很多的酸民，他們的思想那麼負面，不會替別人的好事高興，只會詛咒他人，所以他們做人也很痛苦。

你想分享開心事，不要跟一個善妒的人說，他不是表現冷淡，就是潑你冷水，一點不會為你高興。城府深的人會表面上恭喜你，但在背後說你壞話，一個會替別人高興的人，是罕見的好人。善良的人也會樹敵，是因為他們的幸運引起他人不滿。在一家公司裡，當你常常被主管罵，你會很難為一個被主管器重的同事高興；或者當你覺得自己長得不好看，常常為此自卑，而你有一個大美人閨密，有很多追求者，當你聽她娓娓道來如何應付狂蜂浪蝶，你也會酸溜溜。

嫉妒你的人，會以激怒你來平衡自己的嫉妒心，你練得刀槍不入，一笑置之確是辦法，但為何不疏遠他？不尊重你的人永遠不是朋友。心腸好的人也會有嫉妒心，但他們就算嫉妒你，也會當你是朋友，關心你和幫助你，因為他們明白你幸運並不是你的錯，他們看得清晰。

之所以要說謊

看過一本關於說謊的英文書，封底說任何人都會說謊，對戀人、醫生、朋友等。那為什麼我們要說那麼多謊話呢？

我有個親戚，房子很大，當有陌生人到他們家，驚嘆地方那麼寬敞的時候，他都會騙人說是政府的房子，令人誤會他是租屋。其實很多時候我們說謊也是想低調、想謙虛，或者想保護自己，那對人是無害的，這也無可厚非。也有些有錢人會跟朋友說自己很節儉，但其實他們絕對負擔得起奢侈品，同樣地，這是有修養的表現。我們可以稱讚別人富有，但不能自誇很有錢，除非在有需要的時候。比方說，房東最怕租客欠交租金，那在你還是準租客的時候，你或許因為一些原因或狀況不便向他坦白，但還是要表現出負擔的起的樣子，讓他知道你有能力，會增加把房子租給你的機會。

我們在求職面試的時候，也會說最多的謊話，譬如上一份工作為什麼要辭職，或者你為什麼對這個職位有興趣等，還有一個難答的問題，就是問你有什麼缺點。

以前我聽過一些面試技巧，如最後面試官問你有什麼問題，你可以問這個職位有什麼晉升機會，雖然你並不是真的有興趣知道，但這麼問是表示自己會做很久，會增加面試官對你的好感，讓自己容易錄取。又有時朋友問我們為什麼要做一件事情，我們的答案是假的，因為涉及隱私，又或者怕朋友聽了會自卑，所以我們也會說謊。還有時候我們說謊，是為了保護他人。有個女明星曾有兩年罹患憂鬱症，她的主治醫生是一位著名精神科醫師，有記者追問醫師她的病情，醫師禮貌地搖頭說：「不，她不是我的患者。」是的，當我們保護一個朋友的時候，有人問我們關於他不好的傳聞，我們也要否認，不論這是否屬實，我們也要這麼做，這才是一個好朋友。我常常忘了自己說過什麼，但我會記得朋友們跟我說過的話，所以有時他們前言不對後語，我會知道他們其中一次是說謊，又或者他們記錯了，所以出現兩個版本。

沒有人願意認錯

上酒店Spa，打開儲物櫃，看見裡面寫著：客人放在儲物櫃及更衣室範圍的個人物品，如有遺失，酒店一概不會負責。在一家公司裡，一有事情出錯，人們的第一反應都是「不關我的事」，人人推卸責任，通常是最善良、最好欺侮的那人要負責任。

我教書的時候有同事跟我說，學生是老師教出來的，如果以這個邏輯推理，孩子也是父母教出來的，但一個孩子不乖，他的父母一定不會說是自己教不好，卻推說是遺傳自自己的配偶，或老師沒有教好。曾在學校開會，在討論一個建議的時候，很多老師都問問題。那時我還不是很敏銳，到了晚上，上述同事在電話中跟我說，人人問的問題，都是擔心自己要負責任，我才覺得可笑。以前有教英文的同事跟我說，一問到學生不懂的地方，他們也會說「去年的老師沒有教我們啊」，這也是推卸責任。也有同事太快扔了家長簽名的通知，到有需要使用這些通知時，他也自辯說沒有人叫他保留。

你留意一下你的親友們訴苦時，當他們說及不愉快的經歷，都會說是他人的錯，婆婆對自己不好，是她不公平；被親戚排擠，是因為自己規矩與他們不一樣所以被討厭；被一群人杯葛是因為被嫉妒，被批評也是因為被針對。沒有人會說，自己不被喜歡是自己的錯，自己的問題。

一個人如果願意認錯，他一定是個好人，可是在你的朋友中，你哪有聽見有人說是自己錯了？當他與人反目，便一面倒地列出那人的問題，當一個人與戀人分手，又會拼命指出對方的缺點。這是真的，在我前半生中，差不多完全沒有朋友對我說過他的缺點，不論是學業上、工作上、愛情上，但是有誰又會完美呢？

不知道更好

看過一本小說，女主角一戴上眼鏡，就會聽到別人的真心話，甚感驚訝。知識我們要不斷吸收，但對於別人心中所想，我們不要知道太多。

我讀小學時有很多同學說我閒話，都是一個相熟同學告訴我的，因為她時常跟那些小人聊天。她喜歡講，我又喜歡聽，然後我便不快樂了，因為我沒想到自己的身體從頭到腳都被批評，這令我一輩子自我形象低落，因為已被洗腦。因此有些明星說，網路上關於他們的留言，他們都不會看，當藝人已經壓力很大，所以要避開不必要的煩惱。有些人會不把自己的煩惱告訴父母，也是不想他們擔心，因此愛一個人的方式之一，就是要適當地隱瞞。

這是個欺騙的世界，我們每天都對不同人說謊，譬如業務員就會說很多的謊話。我有朋友當過小型服裝店店員，她說客人要求要一件新的衣服，她便從透明袋裡拆出來，但其實是被人穿過的。所以之後當我要去買衣服，即便看見標籤上寫著新貨，店員也說這是最後一件時，或是和我承諾這件衣服沒有人試穿過，我也是左耳進右耳出，穿著前必會清洗。

太清醒會很痛苦，當你的男友說你是他認識的人中最漂亮的，你也要相信。因此，容易被討好的人會很快樂。說一個女人長得漂亮，是禮貌上的必要，但樂於相信的人很多，即便是相信了也沒有壞處的，會增強自信，又有何不可？

之所以沒有信心

受過傷害的少女在接受訪問的時候說，當有人對她好的時候，她便會抱著懷疑的眼光，總覺得別人對她好是有所企圖。我們對人或事的信心，是受以往的經驗影響的。有次我租屋三個月後，在月初房東收不到租金，便很緊張地打電話來，問我交了租金沒有。其實我已交了，只是遇到假期，而我又忘了提早一天交，所以房東尚未收到而已。他這麼快便緊張起來，是因為他的前租客常常拖欠租金，令他有陰影。因為我小時候被同學杯葛，長大後又有很多朋友跟我斷交或淡出友誼，也會令我以為自己不受歡迎。當我在臉書加朋友的時候，總覺得他們會拒絕我；又當我有新學生時，也總覺得他們會很快不再跟我學琴了。也因為一向有很多人批評我，所以我也常常否定自己，對自己沒有信心。

另，如果以前的問題都可順利解決，當出現了新的問題，你也會認為是可以解決的；反之，以往多次的失望，會讓你對人生悲觀。就像我舊居有很多問題，發生問題的每次我本來都很樂觀，因為覺得沒有不能修理的電器，也不會有永無了結的噪音，但因為一次又一次的失望，令我明白世上真的有解決不了的問題。直到我搬去新的地方，遇上各種問題，我也會認為是沒辦法解決的。可見我的想法，完全是受到過去不愉快的經驗所影響。

可是請你明白，以前的困難，不能與現在的困難相比，以前遇到錯的人，也不代表所有異性都是壞人。就像開頭說，少女以前遇到的「好人」，都是不懷好意的，但尚有很多人是真心善待她的。不過，我們要順利好多次，才可對一件事重建信心。

逼出來的意志力

多年前跟一個朋友說，某航空公司的空姐個個身材都很窈窕，她一臉不屑地說：「如果我是空姐的話，也會像她們那麼瘦吧！」。

減肥需要意志力，而意志力就是控制自己的慾望，不讓自己吃高卡路里食物，那有些行業的女人一定要瘦，這是與她的飯碗有關，所以意志力也是這樣逼出來的。又例如明星，明星靠面孔吃飯，聽說明星在螢幕上看起來會像胖了五公斤，所以她們一定要瘦，就算是一個很愛吃的人也不能放肆飲食，所以這也是事業壓抑了食慾的例子，她們不能不乖。當你被環境控制，你想偷懶也不行，想任性也不行。上大學時有個教授，求學時家境清貧，他讀大學是依靠獎學金交學費的，所以他的成績一定要很好，才可以繼續學業。這是他無法控制的經濟環境，逼使他要勤奮起來。因此，當你欠缺自由，反而會激發你的上進心，因為你一放棄就不能生存了。

我想起我畢業後第一份工作也很辛苦，很受氣及工時長，常常缺乏睡眠，我之所以能夠堅持下去，也是因為當時的我很需要錢。如果我不愁生活的話，我想我很快就會放棄了。也聽說有名氣的醫生不會搞婚外情，因為他們一出軌就身敗名裂了，損失太大划不來，同理，這是環境控制了他的心猿意馬，倒是沒有名氣的醫生，有外遇他們也沒有損失，所以常常不守規矩。

說回減肥的問題。我有朋友在二十年前，給減肥中心付了十萬元減肥，十萬元在那時是很大的數目。她說自己之所以能夠控制食慾減肥成功，也是因為付了那麼多錢，即是如果她沒有付錢，她就不能自律了，因為就算大吃大喝減肥失敗了，也不會有金錢上的損失。因此，有些人在逆境時反而更發奮，是因為如果他自暴自棄的話，將來就沒有希望了，反而安逸生活會令一個人懶散，也幹不出什麼成就來。

人們之所以自殺

有些思想簡單的人，聽到一個人的自殺原因，總會涼薄地說：「這種事都要死？太自私了。」當報紙報導一宗自殺案的時候，總有一個原因以作交代，比如工作壓力、失業、健康問題、失戀等，但人們並不是因為一件事而自殺，而是對生活的厭倦。一件事不足以令一個人自殺，而是長時間的折磨。當一個人長期與生活搏鬥，忙於應付一浪接一浪的難題，筋疲力盡，最終會垮下來的。記者又不認識死者，怎會了解他的痛苦？只有認識他多年，清楚他的經歷的人，才會明白他最後要走這一步的原因。

疲倦，包括身心兩方面。身體上的疲倦，我們可以以睡覺來恢復體力，可是心靈上的疲倦，就算連續睡七天都沒有用。樂觀的人會說，所有問題都會有解決的辦法，但有些煩惱是沒有終結的；也有一種不幸的人是，在不同的年紀受著不同的煎熬，而這種困難並不是一般人會遇到的，既不是考試壓力，也不是超時工作，而是很罕見的。又有一種膚淺的人會說，自殺是因為不夠堅強。一件堅硬的金屬，怎麼也打不爛，但人是有感覺的，你怎能說發生了那麼多事，他也能夠一點感覺都沒有？人可不是一塊木頭啊。人要倒楣起來，遭遇是超乎想像的，彷彿有人在他身上下了毒咒，又或是他上輩子做盡壞事，所以今生受到報應。自殺就是放棄了，但自殺者可能已經咬緊牙關，堅持了好多次，到了一萬零一次，他終於倒下來了，那並不是他的錯，因為他再也沒有力氣了。

珍惜生命，自殺不能解決問題，生命一定可以找到出路。

我們都需要被需要

人的價值來源之一就是被需要，當沒有人需要我們，我們感到會很空虛，所以當沒有事情可以做的時候，要常常幫助別人，當志工也好，解答朋友的問題也好，總不能坐著什麼都不做。不是不需要錢的人，就不用工作，至少也做兼職，否則吃喝玩樂的生活是很頹廢的，長久下去會失去自信。

一個老人，當他的子女已長大，經濟上和精神上也不需要他了，他又沒有孫兒，沒有人依靠他，他的生命也感覺總是欠缺了一塊；有些婆婆，會強行幫子女做這做那，一些子女自己做得到的事情，她們也爭著做，是因為她們想被需要，好想肯定自己的價值。太獨立的女朋友，男人會不喜歡，因為男人不想有個像男人的女朋友，當女朋友需要他，他也才可以肯定自己作為一個男人的價值。因此女人偶爾向男朋友訴苦，他們不會覺得厭煩，會樂於做個傾聽者。也有些老師喜歡學生問他們問題，當他們解答了學生的問題，也會很有成就感。當我們用自己的知識幫助了別人，我們會覺得自己有用，所以很滿足。

如果沒有人想念自己，也沒有人需要自己，我們會很寂寞，所以不能沒有朋友。朋友不用太多，但不能完全沒有交際，總要有一兩個保持聯絡的。有些人會炫耀自己有幾家公司爭著聘請，或一個女人同時被幾個男人追求，言若有憾心實喜之，這其實也顯示了被需要的重要。我唸國小一年級時，幾個同學爭著要跟我同組，回到家裡我也很高興地告訴媽媽，那是因為我覺得我被喜歡。

當一個人被世界遺忘，即使他生活無憂也還是會鬱鬱寡歡。

因為曾經缺乏

每當我稱讚家人的時候，她總裝作聽不見，想讓我多說一遍，有時我已經重複了，她還覺得不夠，還問「什麼」，想讓我說第三次。我明白，因為她說過自己從小到大很少被稱讚但常常被批評，這是她一直耿耿於懷的，所以她才會渴求讚美。一件東西我們曾經很缺乏，到有機會擁有的時候，我們總會索求很多以作補償。所以有些出身寒微的人，因為小時候欠缺物質享受，長大後賺到錢，便會瘋狂購物作為心理補償。

當你在某方面需求很大，但環境不能供應你，那會是令人痛苦的，會想著等到何時呢？有的人窮了二、三十年才有出頭天，也有的人到了五十歲才否極泰來。一些單身多年的女人，一戀愛了就會很高調，道理就像有些人窮了半生才富裕起來，所以行為暴發一樣。愈是忍耐已久，表現愈是瘋狂，飢渴實在不好受，所以等到終於吐氣揚眉了，修養也不理會了。曾有朋友對我說，她小時候母親因為怕麻煩，所以很少帶她外出，等到了她長大後有了自己的自由，就很喜歡出門。

有些女人對著美容師說個不停，或一遇到耐心傾聽的人，就會失控地開始獨白，也是因為平時憋了很久，有千言萬語想說卻苦無機會。

不過，如果你想要姿態漂亮的話，當你遇到餓了好久，終於有食物吃的時候，也要保持從容，不要狼吞虎嚥，這是尊嚴。這也是一個比喻，不論缺乏任何東西多年，到你終於得到的時候，你也要保持這種態度。

有心機的成年人

看一個關於繭居族的節目，有受訪者說跟繭居族聊天好舒服，因為他們都沒有心機。沒有心機也就是單純吧，或者是因為他們多年來宅在家中，所以沒有被複雜的社會污染，思想仍然像個小孩那麼天真無邪。

我們都遇過很多說話有心機的人，而有心機的意思，就是他們說一句話，或問一個問題，表面是一個意思或一個目的，但背後卻是別的。譬如一個跟你一起成長的朋友問你近況，看似是關心你，但如果你清醒的話，你會奇怪他為何問得那麼仔細？其實他是出於好奇心而不是關心，他只是想知道你的隱私，娛樂他自己。更容易理解的是，有些同事問你的教育背景，問你以前的工作地點，一則想知道你的能力，二則也趁機獲得講閒話的資料。一個朋友，關於你的工作，也問許多的問題，或對於你很多的消費，都問價錢。當你綜合思考一下，會發覺其實他想計算你的收入，又或是想計算一下你的收入與開支是否平衡。同樣的，也無非是為了滿足他的八卦心理，或暗地裡跟你比較。

一個有心機的朋友，聽到你分享成功的事情，會故意潑你冷水，說這沒有什麼了不起，聽起來好像是想讓你清醒似的，但實則是想激怒你，想看你由高興變成不高興。他因為嫉妒而不高興，於是想你陪他一起不高興，然後他又會因為你不高興而高興起來。又有一種人，表面上做出一個假裝嫉妒你的樣子，開玩笑般說你那麼幸福真氣死人了，以掩飾他真實的嫉妒。你一不小心，真會以為他在開玩笑，也不懂得提防他。尚有一種人，一找你第一個問題總是問候，而他的問候是很概括的，即沒有特別針對你某一件事情來問，所以你也知道其實他沒有好好記住你提及過的煩惱，並不是真心關心你，而是他有求於你，所以先以問候關心來博取好感，先搞定心情和關係，那你就心甘情願地幫他了，他的問候是出於自私的。

為什麼我們需要伴侶，或需要一個關係良好的親人，因為只有在最親密的人面前，我們才會徹底卸下面具。即使是認識了幾十年的知己，也還是有一點心機。

利益和良心角力

有一位醫生作家說過，他剛開始私人執業時曾努力禱告，希望自己能夠對病人老實，不要為了賺錢而埋沒良心。金錢人人都喜歡，錢也是永遠賺不夠。我只是想到，一個人是否能夠受得住引誘，除了品德之外，也要看環境。當一個人不缺錢，你要他有良心會比較容易，但當他有經濟困難，他的良心就會受到考驗了。

類似的意思是衣食足而知榮辱，當一個人在不愁衣食的時候，他不騙人不害人，他可以是個高尚的人；更甚者，當一個人衣食不足也知榮辱，他更值得我們尊敬。即使在貧窮的時候也要有原則有誠信，我想起一位服裝設計師在自傳中說過，他曾經窮到要賣掉很多東西，起初有人願意出三十萬元買他的車，他答應了，後來又有人願意給五十萬。在幾十年前，五十萬不是個小數目，他說雖然那五十萬對他來說很重要，但他也堅持賣給第一個人。你可能會說他很笨，但他就是有一點藝術家脾氣，很執著。

人在金錢面前是很軟弱的，一些已經腰纏萬貫的人，也還是會受不住引誘，也會受賄，所以即使是你和對方是知己，在利益面前也不要試煉大家的友誼。如果你很有錢，或者有一筆橫財，絕不能告訴他，因為你不知道他會做出什麼事來，任何人你都要提防，最安全的地方是最危險的，最可靠的朋友也可能是最卑鄙的。

我們都說社會道德淪亡，其中一個原因是生活愈來愈艱難，收入追不上通膨，養孩子的開支比以前大，還有物質引誘多了，人的慾望大了。以前哪有那麼多奢侈品可以買。以前銀行廣告鼓勵我們存錢，但現在社會是鼓勵我們消費，消費愈多得到的獎勵愈大。但其實有些人們也是有點身不由己，為了生計，或許部分人是在沒得選擇的情況下，不得不變成小人。

我們都說好人命運多舛，壞人的際遇都很好，但還沒到最後一天，你不知道誰最幸福誰最悲慘，走著瞧。

以說謊作為一種嗜好

聽說警察在盤問嫌疑犯的時候，相同的問題會反覆問很多遍，因為如果犯人說謊的話，他每次的答案都會不一樣。說謊也太吃力了，因為我們要記住自己說過的謊言，但不是人人都有那麼好的記性，我們或許認識一些人，同一番話會出現兩個版本，那我們就知道他說謊了。另一種人是以前說過一番話，之後我們提起，他卻否認這麼說過，我們也知道那番話是假的。

一個容易自責的人，說謊了會內疚，但有些人卻會視說謊為一種樂趣，很多事情都是誇大了，有時是數字上的誇大，有時是年分的誇大，他們說謊是很自然的，你不會找到破綻。

心理學書說過說謊的人會有什麼樣子的表情，有些會不斷眨眼，有些會口吃，有些會避開你的目光，有些則是相反，因為心虛而會睜大眼睛直視你，裝出一個理直氣壯的模樣，但是慣性說謊的人都是演員，可能他們連自己都騙了，已弄不清真與假。又有一些人說謊，並不是為了維護隱私，也不為了保護自己，就算沒有問他問題，他也會主動報告一些消息或過去，只是那都是編出來的，真不知他們是什麼心理。好像以前我有個同學，有一次我和她一起坐車時，她突然笑著說：「以前我跟男朋友們都沒有接吻的，也只是親一親臉額。」但後來我知道原來她有一個兩歲的兒子。或許可以這樣解釋，她有過其他經驗，但她沒有跟男人接過吻吧。

自從流行臉書後，網路上有更多的說謊者，比如偷了人家的照片，說是自己拍攝的，或者張貼幸福家庭照，但其實兩夫妻沒有交流；也有窮人炫富，或者孤單的人造出一個高朋滿座的假象。這其實也是心理問題，透過欺騙來自我陶醉，自得其樂。在討論區更嚴重，很多人自稱專家，但在網路上寫東西是不用負責的，所以說得天花亂墜也沒有人會識破。還有很多人貼出來的照片，修圖已修得不是自己了，年輕了二十歲不消多說，彷彿變成了另一個人，所以很多人見過網友後都會失望，原來真身跟照片竟是兩個人。

更心理變態的是，有些人在一個討論區裡有多個身分，開了不同的帳戶，用不同的名字，有時是男人，有時是女人；所以互聯網的功能之一，是滿足一群妄想的人，他們在網路上可以天馬行空，樂此不疲。

你喜歡的人和事

當你很喜歡一個人，你會常常提起他；在你跟朋友聚會時，你也會常常提起自己的愛好。你覺得最值得買的東西，也會成為你的口頭禪，例如甲很喜歡去旅行，當有人用二十萬買了一個名牌包包，甲說會：「那可以去十次旅行了。」可是一個很喜歡換手機的人呢，他卻會說：「那可以買十部手機了。」我認識很多深愛伴侶的人，他們也會常常不自覺向朋友提起自己的另一半，就像有個女性朋友常常說「我老公說如何如何」，「我老公也覺得怎樣怎樣」，也常常報告老公的近況，講他的喜好等，那是因為她很愛她老公。

除非一個人很沉默，在朋友面前總是不說話，那在「比例」上，他很少提及自己的伴侶也很正常；但是一個很愛說話的人，如果他也絕口不提自己老婆的話，那他其實不太愛她。尤其以一個很喜歡分享的人來說，如果他那麼自我中心，也不講自己的老婆，他其實也不太重視她。有些人很少提及自己某個親人，也是因為與親人關係疏離，很少聯絡，所以也沒有什麼可以「報告」。

當你有個朋友，以前常常提及自己的父母，但近來很少講，你也要小心，尤其朋友已屆中年，你一說錯話就會勾起他的傷心事了。也有些女人，以前常常講自己的男朋友，但現在不說了，也很可能是感情出現了問題，除非她的性格變得含蓄。是有些人到了一定年紀就不再分享，這又作別論了。

你最留意的東西

網購了一件商品，選擇了在某家服裝店取貨。那個商場，那條路我走過無數次，竟不知道那裡有這家服裝店。那是因為我不會逛，對這店沒興趣，所以經過無數次也沒留意到。一樣東西如果你沒興趣的話，它會好像隱形似的；反之，那些你有興趣的事情，即使只露出一小角，你也會看得見。

曾經跟一個朋友坐巴士，他看到街上的前女友，他能夠在人群中認出她，是因為他仍然深愛她。一個男人，如果跟前女友已分開，也仍然給她寫生日卡的話，是代表心裡仍然有她。如果你不再愛一個人，他在你前面走過你也不會看到，這是跟你的觀察力無關的，你忘了一個人，就不會發覺他的存在。

我貼過一張家裡電視機的照片，朋友一眼看出那是什麼型號，是因為他對這種電器敏感。有時我的女性朋友一取出口紅來，我也會知道是什麼牌子，因為我很留意化妝品。多年前，我有個小晚輩喜歡一個女生，我拿了一張有那個女生的團體照給她看，雖然是一群人拍照，每個人的頭都那麼小，但他一眼就能找出自己的心上人，也是因為他喜歡那個女生。當你暗戀一個人，你以為在自己想著他的那一刻，就在街上碰到他了，覺得那麼神奇，其實是你下意識在街上找他，只是剛巧這天被你找到而已。

一件事情你刻意去找，會特別容易找得到。一個你喜歡的人，你不放過關注他、接近他的機會，所以他好像離不開你的生活似的。有些緣是人為的，或者一切都是心理作祟。

你憎恨一個人就會覺得他醜

在我求學時期，我有兩個相熟同學A和B，A很漂亮而B很平凡，但我家人卻說A不漂亮而B很迷人，那是因為家人喜歡後者，不喜歡前者。所有事情當我們喜歡，都會正面地看它；反之，當我們不喜歡，我們都會從負面的角度去看。

一個不快樂的人，牢騷會特別多，因為對一切都看不順眼，把好事都看作壞事，譬如有人分享開心事，他會說人家炫耀，有人熱心幫助他，他又會說別人有目的。就像當心情不好，就會覺得食物特別不好吃；或是戀人如果不愛你，會對你有諸多不滿，關心他會說你煩，又會指責你的嗜好膚淺。一個人若喜歡上另一個人，就會發掘對方外表上很多優點，道理就跟情人眼裡出西施一樣。有些名人的樣貌沒有問題，卻被網友嘲笑，是因為網友他身上「製造」一些缺點來。那些我們喜歡的人，或許本來不出眾，但因為我們喜歡他，他便有自信了。同樣的，那些你討厭的人，並非一文不值，只是你對他有偏見，所以他做什麼都是錯的。

上大學時，很多同學都不喜歡我，同學們會在背後議論我跟他們吃飯時不說話。這個感覺其實在不同圈子裡，我也有聽不同的人說過，但是其他人沒有反感，而大學同學卻會為此不滿，是因為他們討厭我，所以我連沉默都有罪。也可能如果我在飯局中說很多話，他們又會批評我爭著說話，不懂聆聽吧。

有些名牌產品，品質也不是那麼好，只是我們喜歡這個牌子，所以買了之後便對它珍若拱璧。能夠客觀冷靜的人是很少的，我們對世事有愛有恨，有愛便加分，有恨便減分。女士們都覺得小三、男友的前女友，或前男友現在的女伴很醜，也是因為那些人在她們心中的形象打折了。

藝術家脾氣

我們說一個人有藝術家脾氣，通常是指我行我素，不喜歡說場面話，不想笑就不笑，直性子、不功利、情緒化、喜歡即興行事等。

有一次聽鋼琴講座，我旁邊的男生問老師許多的問題，老師本來站著，但為了讓自己舒服一點，便拿了張椅子坐在男生前面慢慢回答，坐姿還是半跪半坐，雙腳離地，那時我就覺得他很藝術家，當自己是坐在家裡的沙發上，不管當下還是講座的場合。如果是我，我不敢亂碰人家的東西，也不敢隨便移動人家的家具。

藝術家會常常考慮自己的感受，也不會理會這麼做對不對，奇不奇怪等，他們是隨心所欲的。多年前我看報紙，記者寫道有個女明星在美容院，自行取起吹風機給自己吹髮，這行為很配合她的性格，是多麼任性。循規蹈矩的人，借用人家的物品之前，都會先問一問的。或許是因為我家教嚴格，自小是個乖孩子，所以我會常常考慮自己的言行禮不禮貌，什麼都怕不好意思，因此做人會很緊張。比如我坐飛機想換座位，我也會問問空姐，不會擅自換位。我做很多事情之前，都會先徵求對方的同意，不會想做什麼便做什麼。又譬如我想在臉書 tag 朋友，我也會先問問他，但很多人就算貼對方的照片也不會理會對方是否願意。甚至是一些免費的東西如商店的資料，我也會先問問店員我是否可以拿取。

其實很多有禮貌的人，明知對方一定批准，但禮貌上也會先徵求同意，例如有時我去講座，會有些女孩子問我旁邊有沒有人，才坐下來的。有一種人，問朋友借了東西後就不歸還，他們不是貪心，而是懶得還，人家不問，他就無期限地把東西放在家裡，看見人家沒有追討了，直到有一天搬家了便順手扔掉，當作什麼事都沒發生過。

他不會是這樣的人

有次同學A說，傳聞有同學在跟組員討論功課的時候常常打瞌睡，沒精打采，很不投入，懷疑這同學就是X，同學B聽完很肯定地說：「不會是X，她不是這樣的人。」很多時候我們沒有證據，但我們也會非常肯定某個朋友一定不會做某種事情。

像我有些朋友，我會相信他們從不賭博，別問我為什麼，總之我認為他們不會。也有朋友跟我已沒有聯絡，但我知道他一定不會用某個牌子的手機，因為凡是很多人喜歡的牌子，他都會鄙視，他很倨傲。亦有些人，雖然我不知道他們的財務狀況，但知道他們不會負債。也有朋友教過書，不足一個學期便離職，我也會明白她為什麼教不下去，因為以她的性格和態度，不能控制一群頑皮的學生。

一個人會做出什麼事，我們也會猜的到。有的人一看就知道不守規矩，連端正地坐好也不行，反之，有些人道德觀念重，凡事認真，我們會對他有信心。為何我們會不了解一個人？因為我們沒有耐心聽他說話，或他不喜歡說話。從一個人的思言行，我們會知道他的性格和品格，如果我們不知道他的想法，很少聽他說話，也不知道他平時做了什麼，那我們會對他一無所知。

不過，一個人的神情、說話語氣和態度，也會反映他的性格。有的人與他說話五分鐘，已經知道他是好人，真的友善和假的友善是有分別的，裝出來的友善會很虛偽，發自內心的友善會很自然。自信的人，連聲音都自信，溫柔的人，連聲音都溫柔。長舌婦有長舌婦的聲音，粗人又有粗人的聲音。

孤獨可殺人

有時會收到網友的私信，她們會滔滔不絕地分享自己看過什麼書，但那類型的書我都不會看的，所以看那麼長的訊息會令我有壓力。

我們都知道不能隨便找個人訴苦，有些煩惱除了自己之外沒有人知道，但就算是自己的興趣，也不能隨便找個人分享的。你喜歡的事物，不代表別人也喜歡，你懂的東西，不代表對方也懂，那你怎可對一個對事情沒興趣或沒認識的人，大談你的意見？如果你的興趣也是很多人的興趣，你會沒有那麼寂寞，但有些你特別留意的東西，別人可能沒留意，那你又如何找到討論的對象？

很少人會表露自己的孤獨，但孤獨者到處可見。在討論區有些人打開的話題，其實可以跟朋友聊，如果有朋友的話，根本不需要跟陌生人說。你有沒有遇過一些人，一開始跟你聊天就好像不想完結似的？其實就像我們餓了很久，我們會吃很多很多，會感覺怎麼吃也吃不飽，甚至越吃愈餓一樣。有些人留言，十句有八句是廢話，他們把要說的話無限擴張，因為回到現實世界中，他們便回復到一個人的生活。

更甚者，孤獨會令老人家甘願受騙，奉上大量金錢；孤獨也會令寂寞富婆用錢買關心。

沉默像一把劍

小時候我媽生我的氣，她一邊做飯，我一邊問她許多的問題，她都沒有回答，全無反應，我覺得很難堪。我們都以為被人大罵的傷害最大，但其實沉默才是最可怕的武器。

在街上你不小心碰撞到一個歐巴桑，她破口大罵，罵的內容不斷重複，是因為看見你沒有反應，她想刺激你，故意冤枉你希望你自辯，因為她演獨腳戲沒趣，她想你一言我一語地與你回應，才覺得好玩。

冷漠是很可怕的。我們都明白發訊息給一個朋友，他沒有回覆或回得簡短，是多麼傷害我們的自尊心。在一個群體裡，有人被杯葛，人們若以文明的方式針對他，也是用沉默，不和他說話，不和他打招呼，吃飯不邀請他，讓他感受到四面楚歌的孤寂。我們也最怕向一個人訴苦，因為我們說了很多的話，也付出了信心和希望，但對方只是一句「加油」或「祝福你」。我們都好希望得到對方的關心，引起別人的興趣，問一些問題讓我們可以說得更多，或者得到多一點的安慰，而不是那麼快下一個結論；所以當有朋友告訴我他不開心或他病了，我一定會問是什麼原因，因為我明白他們想傾訴。

我有些中學和大學老師，最討厭在課上問我們問題的時候沒有人回答，其中一個教授很生氣地說過，答案是這麼簡單，為什麼也沒有人回答呢？我很理解教授的心情，當你期望別人有反應的時候，對方不理睬你，這樣會令人下不了台，我們會覺得自己是傻瓜，對著空氣說話。教書時有次有外籍同事問了我一個問題，當時我做白日夢中所以沒有回答，他連忙問我旁邊的同事，因為他終究還是想得到一個答案，讓自己找到台階下。

一個朋友如果像小孩子那樣，說以後不跟你玩了，我們不再是朋友了，那還有希望，還可以商量；正如一個想自殺的人，在自殺的前一刻向朋友求助，這代表他還有求生欲。不能挽救的友誼，是他沒有在臉書取消和你的好友關係，沒有在任何帳號封鎖你，也沒有跟你大吵一頓，但他從此不再找你，你若找他，他是客客氣氣的，像一個服務員對待客人一樣。然而我們又可以怎樣？也不能像一個小學生那樣寫一封道歉信給他。這種客氣，也同樣深深傷害了你，你寧願像以前那樣，和他互相開玩笑，互相分享心底話。以前他那些無意的得罪，竟然也叫你懷念。你也很想問候一下他，但是害怕他不欣賞令你沒趣，所以你只好讓這一場冷戰延續下去。

珍惜生命，自殺不能解決問題，生命一定可以找到出路。

她只想得到解脫

女歌手自殺身亡，很多人都很傷心，其夥伴說雖然傷心，但是也尊重她。是的，我也明白，痛苦是一種無了期的折磨，而現在才過了人生的三分之一，還要熬到何時呢？

不要說凡事有希望，黑暗的盡頭就是光明這種話，也不要說現在已經過了人生的一大截了，很快會熬完的，這也是沒意思的。憂鬱的人有很多，但懂得幫助憂鬱者的人卻很少，其實要做的事很簡單，定期關心問候、聆聽，對他的事要有興趣，表示理解，但這麼簡單的工作，也有很多人做不到。

憂鬱患者只能跟同是憂鬱的人傾訴，而生活無憂的患者更是不被同情。就算是社工也未必明白你，他們不明白做某些事情對你來說或許很困難；但社工的優點是他們不會責備你，不會叫你樂觀一點，把自己所擁有的放大，想想自己的幸福這種話。就是因為沒有人明白，所以很多感覺都憋在心裡。像是為了禮貌及不想破壞聚餐的氣氛，還強顏歡笑；明明一專注就會吃力，但因為修養問題，也全神貫注地傾聽朋友獨白，保持眼神接觸。

憂鬱患者有很多都是善良的，且容易內疚，他們寧願傷害自己，也不傷害別人，所以與他們一起你會很舒服，他們都會很遷就你。他們脾氣好，明明很生氣也不表露出來，有什麼不悅也不說出來，他們總是以和為貴又處事認真，如果你請他們幫忙，或有事向他們傾訴，他們會盡力協助，他們會對你比對自己還好。

每當我們有朋友因為憂鬱而自殺，我們都感傷，但其實這是可以預防的，平時多理會他，不要對他太冷淡，對他要有耐性，但人總有不同原因而冷落憂鬱者，比如工作太忙、家庭太忙、不依靠他，或因為一個不是他的錯的原因而不喜歡他，所以和他斷交。憂鬱患者是很無辜的，其實他沒有錯，只怪人性太自私，對周遭環境和他人的關心漸漸減少了。

珍惜生命，自殺不能解決問題，生命一定可以找到出路。

「連他都……」

以前有個學生跟我說，同學A很煩人，常常纏住別人訴苦，她說連同學B那麼有耐性的人，都覺得同學A很煩，那就真的很嚴重了。當一個本來很有修養的人也發脾氣，那刺激他的人也一定做了很嚴重的事情。

有部小說也有這樣的情節，女生是個很有教養的人，即使有人對著她說無聊話，她也會全神貫注地聆聽；但某次當有人跟她說話時，她突然打斷對方，說屋外有車聲，原來是她心愛的男人來了，這說明了這個男人是多麼重要，重要得能夠令她變成沒禮貌。又，當一個怕人多的人也去一個擁擠的地方，那證明他真的很喜歡那個地方，足以蓋過他對人群的厭惡。當一個對飲食有要求的人，也光顧一家食物很難吃的餐廳，證明他當時真的很餓，飢不擇食了。

一個對朋友很挑剔的人，卻很包容某個朋友，其他人得罪他的話，他會絕交，卻會多次原諒這個朋友，也證明他很喜歡那個朋友。當一個很節儉的人也買一件很貴的東西，也證明東西對他來說很重要。一個最怕受氣的女人，也能夠跟一個不愛她的男人一起，忍受周圍的冷嘲熱諷，是因為她真的很愛他。一個很沒耐性的人，也願意排隊付錢買一件貨品，也表示他真的很想買。

第六章

我們都是這樣長大的

想自己進步，
最好結交一些有某個性格優點，
正好補償你缺點的朋友。

當你沒飯吃的時候

一位哲學學者說，當有個人窮得沒飯吃，還要照顧一家幾口，然後有人引誘他去打劫，他很可能會去做。道理是一個人之所以要做一件不道德的事情，是因為走投無路。當你能明白他的理由，你會原諒很多人。像某個女明星在剛出道的時候拍過一些照片，但很多人不但沒有瞧不起她，還喜歡她，因為她一直為這件事覺得羞恥。當時她真的窮得生活成問題，在沒得選擇的情況下才會如此，而並不是為了奢侈品。

能夠原諒別人，就是站在對方的角度看，如果你是他，可能你也會這麼做。比如有個朋友很煩，常常找你訴苦，但因為他只得你一個知心朋友，和家人關係惡劣又單身，自己又有情緒問題，其實他也覺得自己討厭，但他也是沒辦法才常常騷擾你。你的同理心可以去除你的怒氣，去包容他。又或者有一些很煩的推銷員不放過你，但想想推銷員也是為了生活，可能因為學經歷有限，所以不能從事高薪的職業。如果你是他，為了業務，為了生計，可能也會這麼厚臉皮死纏爛打，只是因為你比他們幸運，才不用做這樣的工作而已。

還有些沒有同情心的人，會連一個愁眉苦臉的人也討厭，覺得他破壞了聚會的氣氛。但如果你是他，和他有同樣的情況，或許是被男朋友甩掉了，或許是失業好久找不到工作，你的臉也會同樣苦。如果你能夠這麼想，就不會那麼無情地嫌棄他了。結論是當你憎恨一個人，請想想，他之所以那麼討厭，是什麼原因？這個原因可能是他無法控制的，不是因為他的性格，而是他的經歷或際遇。

更大的痛苦

兩次上同一家餐廳，坐相同的座位，但我第二次才感覺到椅子不舒服。那是因為上次有客人高聲談話，那噪音超越了椅子給我的不適。而這次能夠寧靜地用餐，我才留意到椅子的問題。

嚴重的煩惱是會蓋過小煩惱的。有些人所缺乏的是奢侈品，但他們也不快樂，那是因為所有的必需品，他們一無所缺。像同樣是生存的問題，窮人只想吃麵包，但有錢人想吃鮑魚，對窮人來說，能不能活下去是嚴重的煩惱，自然不會像有錢人能夠有餘裕煩惱要吃什麼；也如餐風露宿者只想住在一個可以容身休息的房間，有錢人則有想住豪宅的煩惱。

此外，身體和情緒，也會慢慢適應痛苦。有的人不能受氣，可能是因為他從小到大在家裡都受保護，沒有人敢罵他，沒有人敢給他臉色看。我自小習慣受氣，在家裡、在學校裡，同學說的、師長說的，多麼傷人和侮辱性的話語我都聽過，所以我很能受氣。在溫室中長大的人，不會明白人們對你態度好，並不是必然的，某些職業的人，他們習慣了以某種語氣說話，像罵人似的，但我們要接受社會的「階層差異」，不是人人都會用高級餐館的服務生的語氣跟你說話的。不是高級員工就不用受氣，老闆也要受氣的，他們也要面對顧客。

另外要老生常談的是，新一代的孩子過分受保護，所以經不起挫折，也有道理。什麼苦都熬過的人，往後在社會上受到的苦，相比以前只是雞毛蒜皮，所以能夠不當作一回事。話說回來，我試過解決了一個重大煩惱後，小煩惱才浮上來，所以長期受壓的人，不會察覺小問題的存在。

突如其來的打擊

上中學時，有次同學們不滿班主任新編的座位表，主任很感慨地說：「有些事情你很不想發生，但也還是要發生。」她說這句話時眼睛沒有看著同學們，神情凝重，或許想起一些不愉快的經歷。

是的，在安逸的生活裡，在沒有思想準備的情況下，會突然發生令人意料不到的事情，叫人不知所措，徬徨無助。有次禮拜，牧師說當年他正與女友準備結婚，卻突然被公司解僱，真是晴天霹靂。不少名人接受訪問時都說過，小時候本來家境富裕，卻突然家道中落，從大房子搬到小房子。我們都知道由奢入儉難，但是環境要我們接受，我們想拒絕也不行。還有很多的意外、車禍等，我們也不能避免，像鄭捷在台北捷運車廂隨機殺人，及菲律賓人質事件等，也是無妄之災。

在死亡面前是人人平等的，不論貧或富，死亡也可以發生在一秒內，也可以只有一千分之一秒的痛苦。但其實自己的死亡並不可怕，如果你有宗教信仰的話，死亡只是以另一種方式延續生命，或者是個新開始；可是如果你沒有宗教信仰的話，死亡也只是一切都完結了，你不再有感覺了。親友的突然離世，才叫人又震驚又難過。上大學時，有一位心理學教授說過，她有病人的丈夫意外身亡，過了多年，她仍然對人說：「我老公只是還沒下班而已。」聞者心酸。

誰是你的心理治療師

一個沒有人生閱歷的人，所說的道理都是按照理論的，別人怎麼說，他也跟著怎麼說，不是從他的經驗裡悟出的，所以當我們聽到這些千篇一律的安慰話，只會更生氣。以下的勵志話語，大家都聽過：事情總會過去；黑暗的盡頭是光明；沒有解決不了的問題；朋友會為你分擔痛苦；只要努力就會成功，付出一定有收穫；愛上一個人就要表白；真誠就會有朋友。說出這些話的人，不是太年輕便是人生太如意。

真的有些身體的問題，是永遠都治不好的，剩下的人生也只能接受，也有些問題是十年內也不能解決的，比如事業問題，婚姻問題等。失業多年未必是因為沒有努力找工作，讀某些科目是不容易找到工作的；丈夫不愛自己，也不因為自己不是賢妻良母，有些人不懂分辨好與壞。

有些結構完整的家庭，夫妻沒有離婚，丈夫沒有外遇，也不嫖不賭，但也不代表這是個幸福健康的家庭。人們往往以為表面上沒有問題的人，就是正常的，正如有些水果，表面上那麼漂亮，但切開才知道爛了。也有些鼓勵的話語會害死人，比方說：「你再努力一點就會成功了。」你若是益友的話，應該為朋友分析他多次失敗的原因，並總結他應該堅持下去還是放棄。

誠然每個人都有他的不幸，但有些人的不幸是常見的，有些卻很罕見。社會教導我們跟朋友聚會要嘻嘻哈哈，不要放負，所以一些我們認識了數十年的朋友，我們也不知道他們的人生那麼坎坷。

保持聯絡的朋友們，也不代表互相了解。

世事有絕對

人們都說「世事無絕對」，沒有不可能發生的事情。但如果任何事情都有機會發生的話，太陽會不會有一天從西方升起？我已成年好久了，我想有一百七十五公分的身高，又有沒有可能？我想我喜歡的明星約我吃飯，又可以嗎？好多事情，沒可能就是沒可能的。

「世事無絕對」這句話好像很勵志，卻是天方夜譚。你不能強逼一個對你沒興趣的人，去跟你做朋友。有些我們得罪了的朋友，或者待他生氣完後，會跟我們和好，但有些卻是永遠絕交，沒有商量餘地。有位作家說過，她的朋友在她背後說了句很侮辱的話，所以她們的友誼是徹底完結。有些已分手的戀人有機會復合，但有些已離婚的夫妻，因為某個原因，他們也絕不可能會復合。

每個人也只有兩隻手兩條腿，又有沒有可能多長出一隻手和一條腿來？沒有就是沒有，有的藝術家註定一輩子紅不起來，是因為在他的命裡沒有，如果他仍然存有希望的話，那不是樂觀，而是妄想，應該快點看透和放下。也有的人註定一生中發不了大財，也是因為他的命裡沒有財富；同理，有的女人命中註定沒有姻緣，如果還強求的話，會處處碰壁，容易受騙。

所以我不贊成以「凡事都有可能」作為安慰話，有時候我們叫朋友死心，是為了他好，經過分析後，我們真的明白他希冀的事情，是永遠都不會發生的。他清醒了反而會有希望，否則他會繼續錯下去。

後知後覺也好過不知不覺

多年前有朋友告訴我訂機票可累積飛行里程數，來換取免費機票或升級機位，我慨嘆太晚知道損失很大，她安慰我說：「現在才開始累積也不晚。」人在醒覺之時是不限年齡的，就算你已屆中年，現在才改也可以。

一篇文章說，很多富豪比窮人更節儉，如李嘉誠所說，就算花一元也要花得有價值。如果你購物時沒有看價錢，是否應該改掉這習慣呢？我真有朋友是，在決定買一件衣服後才會留意價錢，這是花錢態度的問題。有外國富豪從不買星巴克，卻會在超市買咖啡。如果每月喝十杯兩百元的咖啡，一個月就是兩千元，一年就是二萬多塊錢，這些錢可以做很多更重要的事情了，比如突然大病一場，需要花很多錢看醫生。

就算你以前很揮霍，常常衝動購物，家裡有很多沒穿過的衣服，或有很多很少用的電器，沒關係，從今天開始，每買一件物品之前，先想想自己是否真的需要，還是只是藉著消費來麻醉自己。

因為苦戀一個人而受盡折磨，就算晚了十年才醒悟，也好過到離世的那天還沒覺悟。很多人連自己的事也沒處理好，所以很難看清誰一直做錯，或是把誰從深淵拉上來，所以看透是自己的責任，不能依靠他人的提醒。朋友未必不想關心你，而是忙得沒時間靜下來。我回顧過去幾十年，很關心我的朋友，除了因為他們有人情味之外，也是因為他們不是大忙人，有些是獨身，也有些從事自由職業，工時短，不會在交通上花掉很多時間。我也是近年才盡量吃原型食物，這樣可保持腸道健康。如果到了老年才調整飲食習慣，也太晚了。

你終於認識以前的自己

當你有個很大的缺點，而你的朋友圈裡也都是這種人的話，你不會察覺到自己的問題。

很久沒看一個瑜珈的討論區，近來再看，覺得那裡充滿負能量。很多網友百般挑剔，諸多批評，在瑜珈學校裡，一些根本微不足道的事情，她們也從負面去看。以前我沒留意到，是因為我自己也很負面，現在我進步了、正面了，因為自己已變得與她們不同，才可看出她們的問題。也是近來才發覺有個朋友很自以為是，她太相信自己的感覺，在沒有證據的情況下，總覺得自己是對的。比如別人不小心做錯一件事，她會認為別人是故意的，或者一有親戚分享旅遊經驗，她就會認為他們在炫耀。同樣的，以前我沒留意到她的行為，因為我也很自以為是，常常以為別人做某件事一定是因為某個原因，也是因為我有所改善，我才留意到她的問題。

因為近朱者赤，近墨者黑，我們總是不自覺跟那些與自己相似的人做朋友，如果大家都有很多優點，都很正面積極的話，那是好事，因為能夠互相影響，大家會一起變得更好；可是如果大家都很差的話，那彼此的問題只會日趨嚴重。此外，因為大家都不知道自己有問題，在交流的時候會聊得起勁，會感覺互相明白，覺得找到知音，還以為自己很對，於是也永遠不會成長。

想要讓自己進步，最好結交一些有某個性格優點，正好補償你缺點的朋友。比方說，你花錢很揮霍，而你的好友很節儉，在花錢這方面你們完全相反，所以你會受到他的正面影響，那會慢慢改善過來，懂得理財。又如，朋友很懂得為他人設想的話，你會在相處過程中看到他跟你的差異，與他相處久了，在潛移默化中，你也會開始顧及他人的感受了。

在一個民族中，人們不知道自己的行為惹人討厭，也是因為大家都是如此，那就不覺得有何不妥了。

你所最喜歡的是別人最討厭的

家人知道我有學生無心向學，叫我跟她說：「你有機會學琴是很幸福的，在我小時候，很多小朋友想學琴都沒機會。」其實一件事情是否珍貴，每人的看法也不一樣，這與每人的需要和喜好有關。

在我小時候學琴很貴，的確有很多小孩想學但父母不答應，但同時也有很多小孩對鋼琴沒興趣，所以他們也不覺得沒機會學是抱憾。即便到了現在，也仍然有小孩不認為學鋼琴是一件很快樂的事情。有些我們渴求的東西，別人未必有興趣，所以就算他擁有了也不會感到幸福。

有一本小說是這樣的，有個富家女整天遊手好閒，她羨慕那些為生活營營役役的職業女性能夠靠自己雙手賺取金錢，可見每人對快樂的定義是不一樣的。我們又常常以為自己所喜歡的，別人也會喜歡，很多人尤其是女性，都犯了一個毛病，就是買禮物給別人時，總買了自己所喜歡的款式，而不會從收禮物的人的角度去想。有次我大讚朋友的圍巾好看，因為我很喜歡女性化的顏色，怎料她說：

「這是朋友送的，如果我自己買的話，我不會買這種顏色。」在我童年時家人把我的頭髮剪得很短，家人說短髮會較舒服，但她沒有想到我喜歡長頭髮，喜歡女孩子的打扮，只是她自己喜歡舒服，她便以為我也有這種需要。

我們也以為自己最討厭的食物，別人也會討厭。有個牧師說，他每次跟太太一起吃雞時，都會吃掉雞胸，因為他覺得雞胸最不好吃，還以為自己很偉大留下好吃的部位給太太，直到有一天太太跟他說，其實她最喜歡吃雞胸，但每次都被他吃了。這也是很多人的問題，以為別人什麼都跟自己一樣，所以有些很有禮貌的人，會以為自己少道謝一句會激怒他人，但其實有些人無所謂，不會計較這麼多的。

有選擇跟沒有選擇

記者會偶爾拍到一些富豪、名媛或明星坐捷運的照片，稱讚他們生活平民化，但有錢人搭大眾運輸，跟窮人搭大眾運輸的感覺是不一樣的。有錢人搭大眾運輸，這是他們自己選擇的，他們可以選擇有司機接送，坐在舒適的名車裡，或是選擇體驗跟老百姓一起擠車，當是大開眼界，因為吃得太多魚翅也要吃吃粉絲呀；但窮人是在沒有選擇的情況下，被逼去擠巴士或捷運，他們或許連坐計程車的能力都沒有。換句話說，是你自己選擇的，還是環境選擇了你，如果是環境逼你過這種刻苦的生活，感覺全然不一樣。

聽說有些有錢人，如果是短程也會坐經濟艙，因為他們不介意，道理也一樣，他們不是因為沒錢而要坐狹窄的座位，吃沒有那麼好吃的食物，而是他們自己選擇的，跟窮人一上飛機，經過商務艙時，對著寬敞的座位流口水，感覺天差地遠。大部分人工作也是為了生活，但有些人真的不需要錢也在上班，是因為想讓生活有點寄託，或時間太多不知如何打發，那他們即使有工作壓力也會較服氣，因為他們可以隨時辭職。可是窮人呢，多麼辛苦也要做下去，否則肚子餓的時候怎麼辦？

同理，有錢人節儉，跟窮人節儉的目的也不一樣。有錢人節儉可以說是一種美德，但不論他們節儉與否，他們還是不用擔心自己的晚年，擔心負擔不起醫藥費；但窮人節儉卻是一種需要，與「品德」無關，因為如果他們不省吃儉用的話，可能連基本開支都成問題。因此有錢人省錢，也不會像窮人省錢那麼痛苦。李嘉誠戴的手錶也很便宜，還戴了很多年，他以這樣的身分，去戴一只普通的手錶，沒有人會瞧不起他，還說他樸素，但窮人戴膠錶，卻會被勢利的人嘲笑。所以有錢人儉樸跟窮人儉樸，效果完全不一樣。

有耕耘也不一定有收穫

如果凡事只要努力的話，就一定會有成果，你說多好呢？我家裡的洗手間，地板縫隙的黑色污漬去不掉，已經問過很多人，幸運地遇到過熱心的朋友幫忙，也在網路上找過資料，但是用盡所有方法還是去不掉，這令我感到氣餒。

讀書時，付出和收穫比較成正比，如果你資質欠佳，別人用一個小時溫習，你便用十個小時吧，還可以靠後天努力。彈鋼琴亦然，有天分的人很快練熟一首樂曲，沒天分的人便多花一點時間吧，總之只要痛下苦功，及用正確的方法練習，也還是會彈好。

我們覺得挫敗的時候是，即使我們很努力了、很積極了，但還是沒有成功，因為成功也需要運氣。譬如參加鋼琴比賽，有一半是靠努力，另一半是靠運氣的。參加文學比賽，也要看評審跟自己有沒有緣分，因為寫作是主觀的，一篇文章，可能一個人很欣賞，另一個人卻認為很糟。有些女生常常戀愛失敗，也不是她們很差，而是與她們一起的人，都看不到其優點。有些好書始終沒有出版的機會，是因為作者遇到的編輯都沒有慧眼，或者因為商業因素，寫得好也不一定代表銷量好。娛樂圈也有很多例子，有些演員很勤奮，外表出眾，但就是欠缺運氣，沒有觀眾緣；也有些時裝名牌設計很普通，不知為何服裝設計師可以成名。

一個懶惰的人如果沒有成就，這是合理的，因為沒有付出哪有收穫，但一個既有才華又有上進心的人也一事無成，這對人來說或許才是打擊，也才會造成心理不平衡。朋友之間的關係，也主要是看對方最需要的東西自己能不能供應，所以如果自己所付出的對方都不需要，對方怎麼會找自己做朋友？因此當因為朋友少而憤憤不平，覺得自己對朋友那麼好，為什麼對方還是對自己很冷淡時，是因為我們耕耘在不對的地方。

不付出反而有收穫

有一位散文作家說，有時很隨意寫的一篇文章，沒有特別用心，卻有很多讀者欣賞。這說明了人很用心做一件事，也未必會得到回報。以前我也有學生很少看書，但不知為何文筆那麼好。也聽說狀元並非比其他學生勤奮，而是他們懂得考試。有一次我上鋼琴課，那次也不是準備地特別充足，但老師卻沒有平時那麼兇，說話帶著笑容，我便明白他兇不兇是跟我有沒有努力練琴無關的。

有些人不是有很多優點，也沒有為朋友付出什麼，卻很受歡迎；反之有些人已經小心翼翼待人，也樂於助人，朋友卻很少。減肥亦然，或許什麼都不做，沒有運動也沒有節食，卻會瘦下來。我有個皮膚很好的朋友，常常熬夜，也沒有青春痘，所以她不明白早睡早起就會皮膚好的道理，因為她就算日夜顛倒，皮膚也沒有問題。說明熬夜也不一定老得快，提早衰老有多個原因，有些人天生麗質，或者一個人雖然喜歡夜生活，但他在生活上沒有壓力，所以也看起來比同齡人年輕。

小時候老師不能對我們坦白說，其實人的際遇與運氣有關，所以他們都說有付出必有收穫，但其實從小到大會遇到哪些人，是和運氣有關，像父母、同學、老闆、配偶、孩子，生命裡我們遇到的人會造就我們自身什麼樣的命運。有些人運氣好，一直遇到很多貴人，有很多人給他們介紹工作，即使他們欠缺學歷，也可從事某種職業。有專欄作家說過，自己從沒投稿，卻有很多人向他邀稿，但有很多寫得很好的人，一輩子都未曾擁有一個專欄。

人愈發長大，愈會發覺原來做人不用太用功，你付出愈多，目標會離你愈遠，會愈有挫敗感，世事並沒有一加一等於二的道理。有很多中了彩券的人，是隨便買一次就中頭獎了。

興趣需要金錢支持

看一個人的興趣，能大概知道他的經濟狀況，當然有些人的興趣不花分文，只是因為他喜歡不用花大錢的興趣，而不是因為他沒錢追求；但有些人的興趣需要大量金錢支持，那他的經濟狀況不會很壞。

當你金錢充足，便可以培養很多興趣，不受局限。在我小時候，差不多只有家境富裕的同學才有機會學鋼琴，因為那時鋼琴學費很貴，所以即便有些孩子有音樂天分，卻沒機會學樂器，那是很可惜的。上大學時我有個同學很有音樂才華，後來成為著名作曲家，他在接受訪問時說，童年時在沒有樂譜及還沒開始學鋼琴的情況下，已經懂得在鋼琴上彈奏電視劇的主題曲，但家境貧困，父母沒能給他學鋼琴的條件，但有親戚願意支持他，他就是這樣考完八級鋼琴的。

去旅行可以拓展視野，知道不同地方的文化，但要經濟條件寬裕才可以周遊列國，否則只能去鄰近地方。喜歡吃的人如果有興趣要成為美食家也不能太窮，因為不論是平價還是高級的餐廳都要去嘗試。報紙上有已退休官員，介紹很多高級餐廳寫評論，也是因為他有能力消費，才可以累積那麼多的經驗。一個人因為有錢，所以生活不平淡不枯燥，因為可以試很多東西。我有朋友說某個商場都沒有餐廳可選擇，其實那商場有很多餐廳，只是太貴了消費不起。有些人常常固定上那一兩家餐廳，不是因為很悶或固執，而是上餐廳也要考慮到價錢，因為只能光顧某個級數的餐廳，所以才顯得選擇那麼少。有一些興趣不需要金錢，但也很健康，比如看書、寫作和遠足，而一台優質鋼琴也可以用幾十年，不過好的出版社的樂譜很貴，這又回到金錢上的問題，所以對於興趣來說，有些也是需要金錢的支持。

喜歡實際的東西

一些很有錢的人，會希望物件不要那麼耐用，就可以常常買新的；反之，窮人最怕用品壞了爛了要買新的，因為需要錢。國中時有同學跟我說，其外婆說鞋子快些破爛會更好，因為可以買新的，我不知她的生活環境如何，不過說出這種話的人大概也很豪氣。我又有個同學說，寧願衣服賣貴些，也好過產量太多，令她的衣服跟很多人一樣，應該也只有富裕的人才會有這個想法。窮人是不會介意太多的，東西最要緊便宜，穿得像制服似得人人一樣又如何，便宜已是最大優點了。

像是不實際的華麗衣著，搭配有跟的高跟鞋，只適合轎車進出的貴婦，每天的節目是下午茶、上美容院，難道她們會穿十公分高跟鞋去擠捷運，在街上跑步趕時間不成？昂貴的飾品，像是名錶和鑽戒，做粗工的人也不適合穿戴，所以有些東西是需要配合使用者的身分和社會地位。至於像我們這種一般人，喜歡實際的東西，例如平底鞋方便我奔波買日用品買菜，及牛仔褲方便我爬樓梯，還有可以洗滌的毛衣，吃完可以飽四個小時的義大利麵等。

一樣東西貴不貴

有一家餐廳我很久沒光顧，某天想起有一道料理我很喜歡，記得價錢是八百元，等進去餐廳看菜單，發現原來是六百元。為什麼我當初會以為那麼貴，是因為我上次光顧的時候比當時窮，所以六百元等於當時我眼中的八百元，因而記錯了。現在我沒有那麼窮了，看見原來只有六百元，覺得是合理的價錢。一樣東西貴不貴，價錢合不合理，除了與一個人的價錢觀有關之外，也是與經濟狀況還有生活方式有關。

有一位女明星在外國進修後回國，聽見朋友說「某件衣服只是一萬元，不是很貴而已」，令她覺得朋友很揮霍，因為她在外國買的衣服，都不超過一百元。這是因為她樸素的性格，令她的價值觀改變了。人的價值觀也是受其交際圈影響的，像上述例子，如果明星的朋友們都是穿二萬元以上的鞋子，近朱者赤，漸漸地明星也會不覺得價錢很貴。當自己看到五千元的鞋子，會覺得超級便宜，可是對於一個生活儉樸，只會穿普通球鞋的人來說，二千元以上已經是昂貴了。

一千萬在一個人眼中是多還是少，是與他的財富有關的。對於一個有一千億的富豪來說，一千萬等於窮人眼中的一千元，但是對於一個每月賺很少的基層員工來說，一千萬卻是天文數字。當自己的經濟狀況轉變了，或者價值觀改變了，以前覺得一家很貴的餐廳，現在會覺得很便宜，或者以前覺得很便宜的一本書，現在生活捉襟見肘了，會連三百元的書都捨不得買。

當忍受已成習慣

很多人都是住某一種房子，以前我想過，住在那種完全沒有隱私的房子裡，為什麼他們可以接受？後來我明白了。當一個人沒有選擇的餘地，即便是自己不喜歡的生活方式，日子也還是要過的。以前我有朋友打算租屋，說會用房東供應的二手家具，我傻傻地問他：「你很喜歡用二手家具嗎？」他說：「不是喜歡，而是環境上我要用。」

我不明白為何食物很難吃的快餐店也客似雲來，其實有錢人看我，或許跟我看快餐店裡的人是一樣的。有錢人不明白為何我會坐巴士，但其實我跟上述朋友一樣，即使我不喜歡坐也要坐，誰叫我沒能力天天坐 uber 呢？又或是，有錢人也不明白為何我住公寓而不是洋房，假如我是富婆，我也想住洋房，但問題是，以我目前的能力只能住公寓。如果一個人自小住普通房子，坐公車，是不會覺得有問題的，因為已經習慣了

另外人們對某種生活的接受能力，也是因人而異的。以前我大清早坐公車到

市區吃早餐，車上有很多九點上班的人。我看見他們身體貼著身體坐著，尤其對於女士來說，跟陌生男人手臂貼手臂，大腿貼大腿，很不舒服。可是我想，又可以怎樣？難道不喜歡跟陌生人擠，就不上班了嗎？那就天天坐計程車了？我們都想成為有錢人，但事情總是事與願違，所以對於生活中不能忍受的事情也要忍受。

誰叫你有慾望？

曾有記者這麼嘲笑一位女演員：「她坐車去拍戲，要跟一群有汗臭的工作人員一起擠。」當我們做一件很喜歡的事，平時所不能忍受的東西，也可以忍受。從事演藝工作壓力很大，但是會獲得大眾注目和財富，這叫很多人無法抗拒。

多年前一位明星上一個節目，節目播放她躺在床上，被一個陌生赤裸大胖子壓下來的鏡頭。主持人問她：「你有沒有後悔作明星夢呢？」我想她是沒有的。當你很在乎一件事，就要付出。我常常看著政治人物演那麼多的戲，說那麼多虛偽的話，我感慨既然他們追求名利，就要有所放棄。有時我很想到一家餐廳吃飯，或很喜歡一家服裝店，即使我要走過人頭湧湧的街頭，或要在車廂裡罰站，我也願意，誰叫我有慾望呢？男朋友或老公，對於某些女人來說是必需品，所以即使要面對感情上的問題，她們也不會和對方分開；或即使她一點不愛他，也可以與對方共同生活幾十年。我們作為旁觀者，當然可以振振有詞說，如果我是當事人，自己一定不會這樣這樣，會如何如何，把事情想得很簡單，那是因為我們沒有遇過這樣的環境。

人是會只剩下一條路的，不是我們願意，而是我們真的沒有後路。

別批評專業的人

你說某人所講的話錯了，如果他不是那個領域的專業，那還可以，但別矯正一個專業的人，譬如不能說一個醫生的醫學知識錯了，一個以某種語言為母語的人發音錯誤，一個音樂家的音樂知識錯了，諸如此類。有些專業的人說話很權威，也有些不權威，但樂於接受別人的意見，面對一個說話權威的人，更不能挑戰他的權威，這是處世之道。

如何定義一個人很權威，可意會不可言傳，這種人通常都會說很多道理，喜歡演講，喜歡別人津津有味地聽他發表言論。他們說話時樣子很嚴肅，語調抑揚頓挫、瞳孔放大，一副專家口吻，雖然他們未必是專家。尤其是一些上了年紀又專業的人，他們會覺得自己吃過的鹽比別人吃過的米還多，所以他們不會接受對方的糾正，但可能他們的資料已經過時而不自知。

我年輕時想矯正牙齒，有朋友給我介紹牙醫的時候說，年輕的牙醫會比中年以上的好，因為他們從學校畢業不久，所以學到的知識也是最新的，但老一輩的已經落後了，因為他們的知識已經是幾十年前的，已經不合時宜了。某些專科醫生，我也覺得年輕醫生的檢查方法，會比上了年紀的先進得多。長輩亦然，因為他們的社交圈子狹窄，所以有很多新事物都不知道，沒有廣闊的朋友圈告訴他們，所以他們對難題的解決方法，也仍然運用上世紀的那一套。

那些又老又專業的人，其實他們的資料錯誤，對他們也沒有影響，因為他們與社會的接觸少了，遇到事情只要不聽他們的意見便行，自己心裡知道就好，不要說出來。

真正好吃的擔擔麵

有次和家人去吃擔擔麵，我覺得好吃，但家人卻覺得普通，那是因為她吃過正宗的擔擔麵。所以一個人對一件事的評價，是與他見過多少同類有關的，有比較就能夠分高下。

媒體報導某藝人達八級鋼琴水準，說他有才華，有網友一針見血：「不懂彈琴的人，總會覺得彈琴的人很厲害。」他並無挖苦之意，其實很中肯，我想他自己可能也是會彈琴的人，才可以那麼冷靜。曾跟一個名人說過，有朋友說我驕傲，他無情地說：「你沒有東西可以驕傲。」他把我看得如此一文不值，一無是處，是因為他自己很厲害。他少年得志，成績優異，又獲得無數獎項，在不同的國家也表演過，另外是他社交圈的影響，因為他認識太多成功人士了，所以我在他眼中不是平凡，而是最平凡。也有個女歌手被歌迷騷擾，要告上法庭，被告提到自己為何喜歡她時，說她唱歌悅耳，那是因為被告只有三十歲，錯過了八九十年代真正懂得唱歌的歌手。

有時我們奇怪，怎麼那麼難看的衣服都會有人穿，除了是品味的問題之外，是因為他們沒見過真正好看的衣服。有些服裝店他們永不會逛，所以不知道世界有多大。有的人認識太少真誠朋友，會很容易覺得別人關心他，但人家可能只是找他解解悶而已。沒遇過聰明的戀人，也會以為現在的伴侶很聰明，但他只是比自己聰明而已。

所以當我被稱讚時，我會考慮他是什麼人，我明白他真心欣賞我，但人人要求不一樣，人人對好的標準也不同。有些人覺得一百六十八公分的女生已經很高，但一百七十五公分以上才可以當模特兒。何謂富裕家庭，也是沒有標準的，在窮人眼中，家庭總收入五十萬已經是中產，但在豪門眼中卻不是一回事。

永遠保持謙虛是大智，因為你怎知道站在面前的人，有什麼見識，見過多少人？可能他認識很多跟你有相同專長的人，比你能幹得多。

沒所謂失去誰，就無法生存？

我們都說，沒有哪個人是我們不能失去的，不會失去誰就無法生存。其實要視乎你有沒有別的選擇。

一個沒有工作能力的人，沒有人給他經濟支援是不行的。一個家庭失去經濟支柱，真的活不下來，救濟金能幫助的範圍總是有限。有些人那麼爭氣跟你絕交，是因為他還有其他朋友，還有家人、同事等。如果他只剩下你一個朋友，他還會不會那麼倔強？

我跟一個有點名氣的男人，在二十多年前有過一面之緣，幾年前有朋友把他的新聞傳給我，得知他犯了事，他的求情理由是，他在短時間內失去父母，而他又是同性戀者。我很明白他的孤苦，沒有人可以替代父母的愛，而他又沒有結婚，或許會說他不是有朋友嗎，但酒肉朋友又怎可說是朋友？又聽過一個個案，有一位女人出軌，她過去從沒工作過，也與自己的家人反目，如果出軌的事情讓老公知道了，她便無家可歸了。可見，她生活上全然依靠老公，所以誰可以那麼瀟灑說，自己不需要任何人？一個掛名在公司工作的富家子弟，沒有資產，如果跟父親脫離關係，他是什麼？他能夠放下身段到外面打工，能夠放棄華廈名車，跟勞苦大眾擠公車，住小房子，他接受得了這種生活？

我們曾經失去某個我們以為不能失去的人，也還是活下來了，因為日子總是要過下去。

不準確的統計

有長輩跟我說過，人的性格通常是愈老愈差，我想她之所以這麼說，是因為她認識的人都是如此。然而我們所認識的一群人，並不能代表全人類。我也有朋友說過，只要待人以誠就會朋友多，那也是因為以她的經驗是如此，但以我的經驗卻不是，因為即使你善待別人，未必所有人都會欣賞你，或許他已從父母那裡得到足夠的關心，我們的誠意很難能打動他。又有人會說，某個行業的人很沒禮貌，這也是因為他碰過的這個行業的人都是那麼壞，他便以偏概全了。

我常常做按摩，即使是三十多度的天氣，按摩師也會先開電毯，那是因為按摩師覺得女生大部分都怕冷，也以為我也怕冷，沒想到我是個就算冬天也不用開電毯的人。當我們認識的人愈少，生活圈子愈狹窄，我們也會有愈多偏見；反之，如果認識很多人，聆聽不同的人分享經歷，還有關於他們朋友的事，才會知道同一行業也有不同性格的人，也會令一個略有成就的人謙虛，因為他知道比自己更厲害的人多得很。

如果一個人既沒有工作也沒有社交生活，就會容易與社會脫節，什麼都不知道，思想還停留在以前。有女人跟我說，她認為公司只會聘請剛畢業的人，其實不然，我曾求職面試，面試官說喜歡我多於年輕女生，因為覺得我會比她們成熟，因此我在四十歲以後也多次獲聘。受不受聘是看一個人有沒有適合那個職缺的知識和性格，而不是年齡。我也有朋友，到了四十歲才唸教育學院，四十出頭才開始教師生涯，也認識四十多歲才當實習心理治療師的人。不是所有行業都只會聘請年輕人的。

起初我以為只有自己才會一個人去旅行，因為在我的朋友圈中只有我會如此，但我有朋友卻說，她有很多女性朋友也會獨自去旅遊。因此，不是你認識的人都有某種愛好或習慣，就代表所有人都是這樣，因為我們認識的人只佔少數。社會上的隱形富豪也有很多，只是在很多人的社交圈子中，只有普通人和中產人士，所以低估了富豪的數目。想增加見識，不一定要常常去旅行，而是與不同年齡、職業和社會階層的人聊天，多聽少說，會學懂很多。

在別人最生氣的時候向他發問

讀國一那年，有次班主任罵了我們一頓，等到她罵完了，我便出去給她看我媽寫給她的訊息，她便很生氣地對我說：「你一會兒再給我看吧！」其實在別人最生氣的時候，如非緊急，我們盡量不要跟他們說話。

有網友是餐廳服務員，他說最怕自己在捧著很多碗盤的時候，有客人叫他。我們都應該做個機靈的人，請別人幫忙的時候，要先看他是否方便。以前我坐巴士，我會盡量在司機開到紅綠燈前停下來時，才按下車鈴，因為不想讓司機分心，後來我會改為在他行駛在直路的時候，而不會在轉彎的時候按鈴。約朋友吃飯，也要考慮時間是否合適，例如朋友剛有親人離世，我也暫時不會約他，因為知道他沒心情。有些話也不適合跟某些朋友說，比如我們不該對一個經濟狀況欠佳的人，說自己如何享受物質，不該對一個英文不好的人說太多英文，不該對一個孤兒講自己如何被父母寵愛，及不該對一個為失業徬徨的朋友，說自己被大公司挖角。

有求於一個人，最好也選擇在他心情好的時候，因為人在開心的時候，會比較容易答應別人的要求，這就是為什麼店員要拼命討好顧客，也是因為顧客心情好了，就什麼都願意買。我去購物，也盡量不會在商店快要休息的時候光顧，因為這樣會阻礙店員下班。我也曾經排隊問一位教授問題，因為考慮後面還有很多人在排隊，所以我也會盡快問完，而不會纏著教授太久，影響後面等候的人。

自嘲的智慧

曾有教授對我們說，她上大學時從不蹺課，因為她算過每課的學費是多少，因為自己吝嗇所以捨不得缺席，她這麼說也是說笑而已；也有中學老師說，自己因為胖，所以坐巴士的最後排，壓著整輛車，車廂就不會搖晃了。以取笑自己來搞笑，沒有對人不起，卻會令人高興，何樂而不為？

又在月底時，有同事說她要到自動櫃員機看看發薪水了沒有，說是自己愛財。這是聰明的做法，很多人因為面子，而害怕別人知道自己緊張錢，但她卻反其道而行，坦言自己喜歡錢，這樣不但不會令人瞧不起，反而讓人欣賞她的幽默感。有些富有的人，說自己是如何節儉，在同類型產品中挑最便宜的，我們會覺得他謙虛，但是一個經濟狀況欠佳的人，說同一句話，卻未必會取得相同的效果。比方說有個人已經捉襟見肘，如果他再說自己省吃儉用，這並不是謙虛，而是一種無奈。

在我十多歲的時候，認識一個女生才二十出頭，也說自己「很老」。「老」

是有不同標準的，年輕女子會覺得五十歲的女人很老，但五十歲也只是中年，七十以上才是老人。明明年輕，也說自己很老，這是很過癮的，因為不論你自己還是對方，也知道你肯定不老。是有種人會說反語來炫耀，譬如一個很漂亮的女人，說自己長得醜，或已經有碩士程度的人，說自己學歷低。尚有一種是明明瘦得皮包骨，也嚷著要減肥，又或是薪水高，也說自己是窮人。

另一種炫耀是言若有憾，心實喜之，例如說自己因為追求者太多而煩惱，或者幾家公司爭著聘用自己，很難選擇。中學畢業時，有同學在我的紀念冊寫道：「我喜歡吃，基本上放得進嘴裡的食物我都吃，可惜我怎麼吃也不胖，唉！」能相信這真的是抱怨嗎？

唐突的問題

有時你想關心一個人，也要留意你們是不是熟朋友，否則會嚇到他人。上大學時有同學很奇怪，下雨天他會早上打電話給一個完全不熟的同學，提醒她帶傘。

關心也要看對象，及視乎是怎麼樣的關心。有時我在臉書問一個問題，有些很少聯絡的朋友也會留言或私訊我，我很感激。至於怎麼樣的關心才是唐突，這要自己去學習或判斷，沒有人可以告訴你。我年輕時有很多青春痘，街上有陌生人叫我吃避孕藥，這令我很尷尬，因為他是男人，又不是我朋友，而且暗示人家皮膚不好，也是很莫名其妙的。因此，即使有時是出於好意，也會讓聽到話的人感到不舒服。

另外是開玩笑也要看對象。某種笑話你可以對朋友A說，但不可以對朋友B說，因為B是斯文人，或你們的關係尚未到達可以開玩笑的地步。另外問問題也要看對方的輩分，例如可以跟朋友閒聊問說對方唸哪一所中學，但在一位很有威嚴的前輩面前，不能隨便問。很多的話，可以對甲說，但不能對乙說，視乎兩人之間的關係及對方的性格。

給別人面子

很久以前有個音樂電視節目，主持人請兩個歌手比賽拉長音，兩人一起唱一個音，誰可以維持最久就勝出。當歌手A沒有氣了，停下來的時候，歌手B本來還可以繼續唱的，但他也馬上停下來。這就是給別人面子，不讓對方出醜。有時我們看到別人的錯處，也不一定要指出，尤其在眾人面前，不要讓他丟臉。

在更正別人的時候，可以善用「好像是」，會比「應該是」有禮貌。有次我約朋友吃飯，建議一家餐廳，我說是義大利菜，她說「好像是法國菜啊」。其實她肯定是法國菜而不是「懷疑」，但她說「好像是」，帶點疑惑，給我台階下，這是聰明又禮貌的說法。又有長輩說我曾傳給他的一則訊息，措辭沒禮貌，起初我也相信了他，以為自己真的沒禮貌，但後來我翻查訊息，才發現原來是他記錯了，當時我的措辭並沒有不禮貌，如果我幼稚的話，我會把舊訊息再傳給他看，證明我的「清白」，但我沒有這麼做，因為我們要維護別人的尊嚴，不用什麼都清清楚楚。

不是所有知道了，察覺到的事情，都可以說出來的，比如發現了朋友的一個秘密，心裡知道好了，不要說出來讓對方尷尬，做人要留有餘地。就好像我們肯定朋友整容了，或打了瘦臉針，單眼皮變成雙眼皮等，可以等她自己說出來，如果她沒有說，最好不要多過問，不能像個小孩般什麼都問，這是大人應有的態度。我有個中學同學本來臉上有一顆大痣，但畢業後不久，這顆痣忽然不見了，我一直沒有說出我的「發現」。多言多敗，禍從口出，雖然以這個例子來說，我說出來可能也不會得罪她，但很多時候想說的話，憋在心中會比說出來好。

其他例子是，當有朋友沒有工作，也可以生活奢華，最好不要問為什麼，或者一個做兼職的人也可以住豪宅，這是人家的隱私。對一個女人外貌上的特徵，也不能多問為什麼，這是天生的沒有原因。我們也不能問一個女人為何鼻子那麼扁，臉上有那麼多痘疤，腿為什麼那麼短，胸部為什麼那麼小，問這些也是沒教養。聽了朋友的分享，也不是所有感想都可以說出來的，就像「真的好慘啊」，「原來職位那麼低」，「原來不是很有錢啊」。永遠記住，管好自己的嘴巴，不要口直心快。

以後不告訴他秘密

朋友告訴同事一個秘密，叫他千萬要保守，但他五分鐘後已洩漏。朋友的結論是：那以後不要把秘密告訴他就是了。因為對某人失望，那為什麼一開始還要對別人存有希望？告訴對方一件事，他沒有作出預期的反應，那為什麼還要這樣做？

有些人不是訴苦的好對象，有一種人是，不論你說什麼他都會說「我很明白你的感受」，他除了「明白」和「理解」之外，沒有其他詞彙，那你好像對著一顆石頭說話似的相當沒趣，那為什麼還要對他吐苦水？我有些長輩只會明白我身體上的痛苦，只要是情緒上的不適，他們聽到後會大罵我，那我為什麼還要把心靈上的痛苦告訴他們？

除了上述那種「明白人」之外，相反，有一種人是什麼都不明白，他們粗心，對事物沒有透視力，及什麼事情都只會從自己的角度看，不曉得不同人對相同的環境，感覺會不一樣。這種朋友也只能講講八卦，是給你的情緒鬆弛的，不能交心。別以為可以改變別人，我們只能改變自己。沒耐性傾聽的人永遠都沒耐性，與他相處，要盡量保持沉默讓他說個夠，我們自己想分享應該找那些願意聆聽我們的人。

有人反對你的生活方式，那麼你善待自己的例子，也不要對他說，他不會接受的；生活水準相距太遠的兩個人是不能做朋友的，在溝通上會有問題。因此，為什麼街上幾個聚在一塊的女人都是差不多的氣質，也是這個原因。有些討論區有很多幸災樂禍的網友，如果我們張貼了自己的煩惱，會有善心的人幫助我們，但我們也要有心理準備，很多人會落井下石。如果不能忍受的話，把煩惱往肚子裡吞算了。

比較就會有發現

看過一套電影，男主角這樣獨白：「小時候也不知道自己窮，後來上學，發現個個同學都比自己有錢，那才知道自己窮。」曾看過一個女生的訪問，她在普通家庭成長，本來也不覺得自己窮，後來進了貴族學校，九月開學時，聽見同學們都在分享暑假歐遊的趣事，自己卻搭不上腔，感到相當沒趣，又參觀過同學位於高尚住宅區的洋房後，回到家裡才知道自己的房子那麼小，所以便不快樂了。

有時候我們遇到比自己幸運的人會自卑，但也有時候因為看見別人比自己差，我們才會知道自己的幸福。我有朋友從不覺得自己家境富裕，到了上大學時，有九成的同學都要申請助學金或貸款交學費，而她卻不用，她才知道自己多麼幸福。一個男人說過，從不知道前妻很聰明，直到他再婚，現任妻子沒有那麼機靈，他才懂得欣賞前妻。因此，我們曾經埋怨過的人或事，其實也有好的一面，但要到了我們失去才曉得。

我也有經驗是，本來不覺得以前的老師很糟，直到遇到好老師，才知道之前的老師是多麼差勁，及遇到好醫生才知道以前的醫師很馬虎。也因為搬到新房子，才發現舊房子的缺點，正如住過五星級酒店後，才會知道一般酒店的不足。我們也會自己跟自己比較，同一件事發生了，或聽到同一番話，我們比以前懂得處理，比以前淡定，我們就會知道自己變成熟了、進步了。有次我和朋友逛街，看上了一件衣服，但沒有立刻購買，朋友也說我比以前冷靜了，因為以前我常常衝動購物，那就是不理智。

慈悲需要智慧

有佛教人士說放生鳥類，會令很多鳥兒因為不適應環境而死亡，所以慈悲需要智慧。如果用了錯誤的方法對別人好，那不但幫不了他，還會令他不高興。關心是表達愛的方式，但不能太多。朋友單身多年，或從沒談過戀愛，我們不用每次見面都問對方談戀愛了沒有，有些人沒有談戀愛的需要，問得太多會令人厭煩；同樣的，一個很久都沒有工作的人，自有他的原因，並不一定因為懶惰，別自以為勸他快找工作是關心他，其實這樣反而會令他反感。也不要認為朋友窮，就要請他吃飯，別忘了人人都有自尊心。他既然願意出來吃飯，就有預算要花錢，也沒打算要被請客，就不要自作聰明以為請客是幫助他，堅持己見的話反而會令對方不悅。

朋友工作辛苦也不轉職，別叫他轉職，他選擇繼續工作自有他的原因，而這個原因或許很私人，我們不用教他怎樣做，作為朋友的責任，是聽他吐苦水已足夠了。有時朋友訴苦，說了一些私人的事，也是一時衝動，他說完了便後悔，希望聽的人忘了，所以我們不用什麼都跟進附和，事情聽完就算了，不用再多問。

送禮物給朋友是一番好意，但也要注意他的經濟能力，送太名貴的禮物給沒有能力的人會令他尷尬，也會造成壓力，因為他不能回送太便宜的東西。另外富裕的朋友，也不能送他太普通的品牌，要留意他的生活水準怎樣，送差不多級數的禮物給他。在街上看見有女生曝光了，要告訴她，但是要低聲，不要讓其他人聽見。收銀員找的錢多了，還給他是誠實，但同樣不要太高聲喧嘩，以免令他尷尬。

與年紀相仿的人說話

亦舒小說《喜寶》開首，喜寶和千金小姐勗聰慧在飛機上認識，聰慧先說自己十九歲，然後喜寶說自己二十一，隨後補一句「我比你大很多」。其實相距兩歲是很少，但她也說自己比別人大很多，這是謙虛的表現。

謙虛的其中一個方式是貶低自己，比如說我哪有你那麼窈窕，我哪有你那麼有錢，透過比較來抬高別人。因此，面對一個即使小自己兩三歲的人，我們也可以說「我比你老很多」，雖然大家也知道不是事實，但這是一種社交技巧。最粗心的一種說法，就是在一個小我們十歲的人面前，也說「我們這些年紀的人」如何如何，因為這樣說好像會把對方變老了。

我認識兩個女人，她們年紀有點距離，卻是一起成長的。年紀較小的那個，曾跟我說「我和她從小一起玩耍」。後來我問年紀較大的那個，你們是不是自小認識的，她更正我說：「是我看著她長大的」。她以「大姐姐」的姿態說這番話，也是謙虛和圓滑，因為她沒有跟一個小妹妹「平起平坐」，以為大家是同一年代的人。我曾和一個男人萍水相逢見過兩次，有次他跟我說：「我的年紀不比你大很多，但是我的皮膚比你好得多！」首先，說自己的皮膚比對方好得多，這是很沒禮貌的，正如一個女人不可以跟同性說「我比你漂亮得多」，這樣很傲慢。第二，其實我也不知道他的年齡，但他說他不比我大很多，這也是囂張的。回應本文開首，我們要說自己比別人大很多，那才是客氣，相反就是驕傲。

同理，眼前的人明明比我們大很多，但我們也說「我們也是差不多的年紀吧」，這麼說也是給他戴高帽。還有，如果有人叫你猜他的年齡，你怕猜大了，也可以說「你很年輕吧」，避開他的問題。學懂圓滑，少得罪人，就會有好人緣，人緣好，你的事業也會順利。

跟著人群也未必對

我在等電梯的時候，總會與其他一樣在等電梯的人保持距離，有好多次當我遠離其他人，剛巧站到其中一部電梯前面，人們都以為是我面前的那部電梯快要到達了，都紛紛走過來。但其實這部電梯連燈都沒有亮起來，而我又怎會有預知能力，知道會是它快要開門呢？是他們看見我走過去，便以為是對的，也跟著我了。也曾經坐捷運，在快要到下一站的時候，我因為不想擋住出車廂的人，便走過去左門，有男人本來站在右門前面，也跟著我走過來，以為是左側開門。跟上述例子一樣，是我想遠離其他人而已，但他誤會了，竟跟著我這麼做。

當人們不用腦袋的時候，就會別人做什麼自己也做什麼，也會人云亦云，但全世界都這麼做的事情，也未必是道德的、理智的，可是也有些全世界都做的事情，卻是必須的、有意義的。至於何時要跟隨別人，何時要做自己，這就需要用智慧來判斷了。智慧是跟腦袋有關的，懂得用腦袋的人就是有智慧，不用腦袋的人就是沒智慧，而現在人們的愛好都是不需要用腦袋的，都不會啟發思考和運用邏輯，也不會學到哲理，這也是人們愈來愈蠢的原因之一。

羊群心理會令一個人不去思考，幾萬元的外套是不是一定有價值，人人趨之若鶩的一雙鞋子，又是不是真的好看，這麼多人排隊光顧的餐廳，要浪費時間又是否值得。很多人在網路上找伴侶，自己又有沒有考慮過風險的問題。有沒有思考，也是與一個人願意花在思考上的時間有關，很多人都要加班，也有很多人每天在交通上花掉很多時間，但如果一個人真的重視思考，一定會騰出時間來。很多人在等候的時候寧願滑手機，在家裡則是玩電玩，又因為害怕獨處，常常與人一起，還有說很多的話，那又怎會有時間思考呢?當人常常思考，會能夠深入分析一件事情，也會想到別人忽略的角度，那就不會有從眾心理。當你不羊群，就能夠聰明的做人，走正確的路，那就會有好的結果。

說真話又如何做成生意

相信大家都聽過矛盾的故事。有個人賣一枝矛，說這枝矛什麼都可以刺穿，同時也賣盾，又說這塊盾什麼都不能刺穿，所以就有了矛盾一詞。其實這也道出了商人愛說謊的道理，他什麼都說可以，什麼都適合你。像我去買毛衣，如果問店員是否可以清洗，她一定說可以的，但我們要自行判斷，羊毛衣服有些可以用羊毛專用洗衣液，配合洗衣機的輕柔模式洗滌會沒事的，但有些一定要乾洗。店員說可以洗，是因為怕顧客覺得要拿去乾洗很麻煩不買了。又有時裙子明明太窄，比自己的腰圍窄了三吋，店員也說很會合穿，說你不胖，別被她騙倒，別自我欺騙，一條裙子是否太窄，一放在腰前已經知道了，因為兩旁都碰不到邊。我曾經試穿過一件外套扣不上鈕扣，店員說不扣鈕扣會較好看，明明是太窄，她又說因為我的上衣太厚，她有把黑說成白的本事。又有一次我的紫色外套因為沾到去光水而脫色，想買新的便打電話去店裡問還有沒有貨，店員說紫色缺貨，杏色也不錯的。其實顏色漂不漂亮是主觀的，每人喜歡不同的顏色，但店員一定要說漂亮的。

業務員的責任是把很普通的商品稱讚得天上有地下無。有次我剛加入一所瑜珈學校做會員，業務員送我毛巾，說是很漂亮的，但其實粗糙不甚，她也用驚嘆的語氣稱讚。我又訂做過窗簾，要求隔音和厚的窗簾，但店員一直逃避我要「隔音」的要求，只給我挑選不透光的，我一直說最要緊的是隔音，但她也一直沒回應，最後回到家裡安裝了，只是不透光但不是隔音，如果店員老實的話，應該回答我他們沒有隔音的窗簾。我的美容師跟我說她的同事要向我推銷套票時，我便退後一步趕快離開，我說我只是暫時不買套票，不代表永遠不買。推銷員一推銷的時候，就會說出一萬個好處，我不想聽，因為太假了。其實買化妝保養品，你一買什麼店員就會問是否需要什麼，他們的關心流程是指定的，那是上司教導要對顧客說的話，譬如買洗髮精當然問是否需要護髮乳，買潔面乳就建議買整組套組，說會划算一點，於是我們無緣無故多花了幾百塊。什麼兩件有八折，我們要真正需要才多買一件，否則又是浪費了。之前去日本，遇到商店在大減價的時候，店員也告訴我買兩件衣服會有額外九折，我也會說一件夠了，因為我不想為了那區區九折，而多買一件我不真正喜歡的衣服。

討好你是她們工作的一部分

我的美容師虛偽得不能再虛偽，我身體上只要是及格的部位，她都稱讚過，我真的受不了。她會連我的唇色也大讚好看，又會用很「驚喜」的語氣浮誇地說我的腳趾甲有塗指甲油。這跟賣保單的保險業務員一樣，知道你的職業後，便會稱讚你很能幹，聽了你的嗜好後，又會說你文武雙全，叫你心花怒放。他們為你服務，當然要哄你開心，這是他們的責任，難道對你哭喪著臉不成？因此，所有別人說的讚美話，你也不要上心，跟你背後的閒言閒語一樣，要左耳進右耳出。

有些人容易相信別人的稱讚，是因為她們未能客觀地評價自己。人們估計陌生人的年齡，猜小二十歲是禮貌，就算你已五十歲，他們也會問你是不是學生，當你說出真實年齡，他又會驚訝地瞪大眼睛說「一點不像啊」。想知道自己樣子是否年輕，小孩不懂得虛偽，如果你已四十多歲，也有小孩叫你「姐姐」的話，那就真正看起來青春了吧。有的服務業的人很機靈，她明明可以做你的女兒，也會說「我們這一輩的人如何如何」，如果你真的相信自己看來小二十歲，也真的太單純了。

在我逛街的時候，當我聽見有店員拼命討好顧客，我也會偷看她們一眼，店員最喜歡貶低自己來抬高客人。有一個店員跟客人說「我的皮膚哪有你那麼白」，但其實顧客的膚色並不很白，只是不黑而已。又聽過美容師稱讚顧客的腿很瘦，她們是多麼肉麻的話語都能說出來的。

女人是否相信這些讚美，是與她的智力水平有關的，簡單來說，蠢人很容易相信別人。我不是說所有讚美都是假的，但我們必須明白，因為你是她的客人，她才會說那麼多誇張的好話，那是有目的的。但人性的弱點是需要被肯定，所以一些聰明人也無法抗拒，要做到抽離的話，就要比一般聰明人更聰明、更冷靜，那才不易被騙。

誰是好人？誰是壞人？

其實一個人是好是壞，我們很難客觀地去看，一個人對我們好，我們就說他是好人，反之，一個人對我們不好，我們就說他是壞人。可是很少人會客觀地想，他對我好但他對別人不好，那他仍然是個壞人。人都是自私的。

像某些國家的政府很差，但也有市民享用了政府很多福利，便大讚政府好，他們沒想到有很多人正受到不公平對待而要熬苦。有個女明星被爆已婚時，拼命維護自己的老公說：「很多人都說他人品不好，戲弄女人，但其實他是個好人啊，請大家不要誤會他。」她之所以這麼說，是因為其老公對她忠心而已，而且她也不能跟媒體講老公壞話。比方說，有個朋友很關心你，但他對其他朋友很冷漠，你要了他那麼多的好處，又是否可以站在那些被他冷落的人的角度裡，去批評他？

一個人很照顧你，也不代表他同樣照顧其他人。當一個人給盡你好處，又完全沒有傷害你，你又怎可想像其他被他折磨的人，是何等痛苦？

你怎曉得他不快樂？

看見有男人奔向捷運站，一邊笑著跟他的朋友說：「還有四分鐘。」還有四分鐘便開車了，所以他要趕上這班車。我本來心裡第一個感覺，就是作為普通市民很無奈，因為我們沒有司機，所以要遷就大眾運輸的時間表，就像我自己也是，有時也會先在家裡看好公車班次，而決定我在什麼時間出門，所以我也是沒有自由的，可是我又覺得，上述男人雖然要追車，可是他也有他的快樂，我一點不覺得他在抱怨，或許還因為要追車而覺得刺激。一句老掉大牙的話是「子非魚，安知魚之樂」，同樣的，我們以為他人不快樂，但你怎曉得他真的不快樂呢？

我們總以為自己最討厭的事物別人也同樣討厭，就像我們覺得單身的人很孤單，但我們最害怕的，別人不一定也害怕，或許他們還很享受呢。只有四分之一的人是內向的，而內向的人都享受獨處，因此他們不會被另外那四分之三的外向人明白。以前我跟朋友吃完飯後，當我說要買點東西，她們總要陪我一起去，她們是出於美意，同時也因為她們自己要人陪所以便陪我，卻沒想到我喜歡一個人去購物。我曾經要見一個重要人物，但要延期一個月，朋友說這更好，因為可讓我有多一個月的時間減肥。但其實我不需要減肥，那是因為他自己很胖，所以以為我也要先減重。人就是自己最緊張什麼，也代別人緊張什麼，但人家可能根本不在乎。

社會認為女人要嫁有錢人才是幸福，但是我們怎曉得嫁窮人的女人不快樂？有些女人覺得愛情比麵包重要，不是人人都把結婚當作交易的。我們的標準，並不是別人的標準，有些人喜歡做名人，有些人喜歡做普通人，人各有志。

肥胖不一定因為吃得太多

有個女人寫了一句話：「一個女生如果既沒有朋友也沒有男朋友的話，一定是因為她的性格不好。」這是多麼沒腦袋的一句話，一個人沒有朋友或伴侶，是因為不同的原因，而每個人的原因也不一樣。

兩個人有相同的煩惱或問題，也是因為不同的原因。甲太胖，可能因為吃得多又沒做運動，但乙肥胖呢，可能是因為藥物的副作用，比如很多抗憂鬱劑都會令人肥胖，而不是因為他不自律。感冒也是因為不同的原因，甲感冒可能因為常常熬夜，乙是因為穿不夠衣服，而丙是因為去了人多的地方感染了。

因此，即使你和你朋友有相同的煩惱，你和他的原因也不一樣，所以你不能叫他用你的辦法去解決。就好像你覺得孤獨，是因為你很少找朋友，所以他們也不找你了，或你的伴侶不跟你說話；但你的朋友覺得孤獨，卻未必因為沒有社交，有社交生活的人也會孤獨的，可能大家的三觀不一樣。與一群豬朋狗友一起講廢話，或沒有一個可以交心的朋友，也會令人孤獨的，所以孤獨與朋友數目是沒關係的。總結是，不同人感到孤獨，是因為不同的原因，你不能以自己孤獨的原因，去當作別人孤獨的原因。

又好像有些人很少出國，你亦不能以自己的原因當作別人的原因。的確有些人不去旅行是因為沒錢，但也有些人的身分是母親，因為要照顧幼兒所以走不開，也有些人戀家不願動，更有些人是假期不多，還有身體問題，沒有陪伴者等很多的原因。有些老人沒有智慧型手機，是因為不接受新事物，也不一定為了省錢；同樣的，有些有錢人也會坐巴士，也是為了方便。

當有朋友向你傾訴一個煩惱，你應該站在他的角度想，他為什麼會有這個煩惱，而不是站在自己的角度想，那你建議的方法才可以幫助他。

什麼都要大

到超市買橘子，店員問我為何不挑一個大一點的，我說因為這個皮薄。這是質與量的問題。孔融讓梨的故事，我們都聽過，但為什麼大的水果就是好的？小的可能比大的更甜呢。鑽石的價值也不只看大小，一顆小鑽石可能比大的更閃爍。小巧的鑽石耳環才別緻可愛，否則戴著大顆的寶石，耳垂都向下墜了。

日本也是什麼東西都小小的，其實這是智慧，像他們的定食，每種食物的份量都很小，那才不會令人吃太多，而且也營養均衡。也只有庸俗的男人才喜歡女人大胸脯，身材最要緊是平均，否則一個很瘦的女人卻胸部大，也很不自然。份量一多就有壓力，我最怕大瓶的保養品，怎麼用也用不完，因為相同的保養品用久了，就會失去效用。在買保養品時，店員一定會叫你買大的，說較划算，但一個牌子你沒用過，怎知道好不好？如果用過覺得無效，那如何熬完一大瓶？房子也不一定愈大愈好的，的確太小的房子令人有壓迫感，但房子太大也很不方便，從一處走到另一處，要花上一分鐘，在家裡走來走去的運動已很足夠了，都不用到公園散步。

學會原諒自己的不快樂

作　　者	麥潔芳
發 行 人	林敬彬
主　　編	楊安瑜
編　　輯	林佳伶
內頁編排	方皓承
封面設計	柯俊仰
編輯協力	陳于雯、高家宏
出　　版	大都會文化事業有限公司
發　　行	大都會文化事業有限公司

11051 台北市信義區基隆路一段 432 號 4 樓之 9
讀者服務專線：（02）27235216
讀者服務傳真：（02）27235220
電子郵件信箱：metro@ms21.hinet.net
網　　　址：www.metrobook.com.tw

郵政劃撥	14050529 大都會文化事業有限公司
出版日期	2022 年 12 月初版一刷
定　　價	350 元
I S B N	978-626-96669-0-4
書　　號	Growth-116

First published in Taiwan in 2022 by Metropolitan Culture Enterprise Co., Ltd.

4F-9, Double Hero Bldg., 432, Keelung Rd., Sec. 1, Taipei 11051, Taiwan
Tel:+886-2-2723-5216 Fax:+886-2-2723-5220
Web-site:www.metrobook.com.tw E-mail:metro@ms21.hinet.net

國家圖書館出版品預行編目（CIP）資料

學會原諒自己的不快樂 / 麥潔芳著. -- 初版. -- 臺北市：
大都會文化事業有限公司, 2022.12；264 面；
14.8×21 公分
ISBN 978-626-96669-0-4（平裝）

1. 情緒管理
176.52　　111016391